Memórias de Teresa de Jesus

Teresa de Jesus

Martinho da Vila

Memórias de Teresa de Jesus

Todos os direitos desta edição reservados à Malê Editora e Produtora Cultural Ltda.
Direção: Francisco Jorge & Vagner Amaro

Memórias de Teresa de Jesus
ISBN: 978-65-87746-97-5
Edição: Vagner Amaro
Ilustração de capa: Jackson Souza
Capa: Dandarra Santana
Diagramação: Maristela Meneghetti
Revisão: Léia Coelho

Texto revisado segundo o novo Acordo Ortográfico da Língua Portuguesa.
Proibida a reprodução, no todo, ou em parte, através de quaisquer meios.

Dados internacionais de catalogação na publicação (CIP)
Vagner Amaro – Bibliotecário - CRB-7/5224

M385m	Martinho, da Vila, 1938-
	Memórias de Teresa de Jesus / Martinho Da Vila. — 1. ed. — Rio de Janeiro : Malê, 2022.
	ISBN 978-65-87746-97-5
	1. Biografia 2. Martinho da Vila I. Título.
	CDD 920

Índices para catálogo sistemático: 1. Biografia 920

Editora Malê
Rua Acre, 83, sala 202, Centro. Rio de Janeiro
www.editoramale.com.br
contato@editoramale.com.br

Dedicatória

Ao escritor Sérgio Cabral, o pai, que, logo na primeira incompreensão sobre o conteúdo da música do meu filho, defendeu-o como se fosse um membro da nossa família.

Em memória do publicitário Marcus Pereira, e ao confrade Acadêmico da ACL, Ricardo Cravo Albin, que estimularam o Martinho a trocar a carreira militar pela artística.

Agradecimento

Ao empresário José Carlos Venâncio, grande brasileiro nascido em Moçambique, por ter iniciado o meu filho no ofício literário.

Também a todas as pessoas que, de uma maneira ou de outra, colaboraram com minhas filhas, netos, bisnetos e trinetos.

Sumário

Introdução 11
Célula Mater 15
Essa outra Teresa 17
Família Ferreira 21

Memórias póstumas

Eu nasci em uma fazenda 25
Josué 35
A debandada 43
A Boca do mato 47
O labor 51
Chefe de família 63
Viva a diplomacia! 69
Pilares 75
A conquista do Cedro Grande 83
Valdevino e Isabel 89
O amigo Beto sem braço 95
Cariocas Bibarrenses 103
Elza das Dores Ferreira Santana 113
Deuzina de Jesus Ferreira da Silva 119

Martinho José Ferreira 125
Maré Mansa 133
Nélia do Carmo Ferreira 141
Maria José Ferreira Silvestre 145
Fim de Século 149
O sonho 153
O corpo e o espírito 159
Posfácio 165
Oração 167
Índice onomástico 169

Introdução

Este livro, *Memórias de Teresa de Jesus*, é uma nova versão do anterior sobre a Mãe Teresa, escrito como se fosse ela. Versa sobre a Família Ferreira, e o texto introdutório do primeiro foi um mimo da minha querida amiga Magaly Cabral, que reproduzo a seguir:

> *"Show de Martinho da Vila no saudoso Canecão. Multidão de fãs aguardam na fila, ao final, para cumprimentá-lo pelo excelente espetáculo.*
> *Analimar, sua filha mais velha, e Cléo, sua mulher, fazem as honras.*
> *Já no camarim, junto com outros amigos que o abraçam, Analimar pergunta: "Pai, dá para ir agora ao camarim da família?"*
> *Martinho sai (eu o sigo) e entra num espaço ao lado, onde lhe fazem uma enorme festa. Filhos, irmãs, sobrinhos, primos, namorados e namoradas dos parentes, estão todos ali. Tiram fotos dele e com ele. É a família da Vila. Uma grande e maravilhosa família.*
> *"Família é um horror! Uma chatice! Quero distância!", ouvimos muitas vezes nos dizerem. O comunista Barão de Itararé dizia que quase virou integralista por entender errado o slogan do movimento. Em vez de "Deus, pátria e família" achava que era "adeus, pátria e família".*

Família, às vezes, é muito chata, sim. Traz problemas, discussões, cobranças, etc. Estou entendendo família aqui como além da família/unidade doméstica onde convivem pai, mãe, filhos. Família aqui compreendendo avós, irmãos, tios, sobrinhos, primos, etc.

Segundo a historiadora e psicanalista Elisabeth Roudinesco, a família do futuro parece em condições de se tornar um lugar de resistência à tribalização orgânica da sociedade globalizada e provavelmente alcançará isto, sob a condição, todavia, de que saiba manter, como princípio fundador, o equilíbrio entre o um e o múltiplo de que todo sujeito precisa para construir sua identidade. A família do futuro deve ser mais uma vez reinventada, diz a autora de A Família em Desordem.

O último capítulo do livro de Roudinesco é dedicado ao futuro da família e à família homossexual (o que aconteceu para que sujeitos qualificados das formas mais desmerecedoras desejem não apenas ser reconhecidos como cidadãos integrais, mas adotem a ordem familiar que tanto contribuiu para seu "infortúnio"?). A autora chama a atenção para o fato de que este será um dos modelos de família e que a família do futuro será composta de todas as formas familiares históricas. E diz também que a estrutura familiar mudou, mas não corre risco de desaparecer. Garante que ela "é amada, sonhada e desejada por homens, mulheres e crianças, em todas as idades, orientações sexuais e condições sociais."

Martinho da Vila tem oito filhos com quatro mulheres diferentes. Isso significa que ele não acredita na família? Não é isso o que vejo na minha convivência com ele, em mais de quarenta anos de amizade. Os meios-irmãos se relacionam muito bem entre si e com seus sobrinhos. Não quero dizer que não tenham suas desavenças. Elas existem, mas são *contornadas. Percebo a felicidade de Martinho quando sua família está toda reunida, o modo como brinca com cada um deles. Creio que, se pudesse, moraria numa imensa casa onde todos os filhos morariam, além de parentes menos tão próximos. Sabe que ela, apesar das confusões e desavenças, dá os vínculos afetivos de que necessitamos. Creio que Martinho sabe manter como princípio fundador o equilíbrio entre o um e o múltiplo de que seus filhos precisam para construir sua identidade, usando as palavras da autora francesa citada. Seu refúgio é em Duas Barras, na fazenda onde foi criado junto com suas irmãs, e onde seus pais foram empregados, e que ele teve a oportunidade e felicidade de poder adquirir. Um outro exemplo da relação familiar entre os da Vila foi a criação da Ala da Família na Escola de Samba Vila Isabel, uma ala que acolhia não só os membros da família, mas também muitos amigos, que se consideram também da família, como eu e minha filha.*

Este novo livro que Martinho nos entrega, agora, é resultante desse sentimento que lhe é próprio. Foi em busca das suas origens lá bem distante, querendo conhecer melhor os seus Ferreira".

Valeu, Magaly!

Célula Máter

Família é que nem aquele povo da casa de bamba: um monte de gente reunido numa casa só – pai, mãe, filhos, avó, uns tios, primos um ou dois agregados – gente que se quer bem e está acostumada a ficar junto, mesmo quando acha aquilo tudo uma bagunça e pensa que está louco para ir embora e ter sossego em outro lugar. A gente se muda, acha uma beleza no começo, tudo tão arrumadinho, silencioso, mas, aí, chega o domingo e – domingo sem aquele mundo de gente em volta da mesa, dez pessoas disputando duas coxas de frango, discutindo porque o outro acabou com a Coca-Cola, reclamando do calor, do filho da cunhada que colou chiclete no sofá novo – ah, domingo sem tudo isso não é domingo. É quarta-feira, no máximo.

Família é uma dádiva que a gente só tem consciência de que tem em datas como Natal, Páscoa, casamento de primos "Você viu como a Mariazinha está horrorosa?" ou quando morre um velho tio-avô chamado Juca "Coitado!" que a gente nem sabe se se chamava João ou José e, no meio da lágrima – que às vezes nem rola, porque há anos ninguém convivia com ele, todo mundo esquece o morto e vai para o bar do lado de fora do cemitério tomar cerveja e bater papo com os parentes com os quais não se encontrava havia tanto tempo! "Como tem gente bacana nesta família; vou me aproximar mais deles, ora se vou!"

Família é tolerar a chatice do filho adolescente, o mau passo da prima maluquinha, o ciúme do marido (ou da mulher), é dizer que a sogra é linda. No feriado longo, ver todo mundo encher a nossa casa de praia e não ajudar na cozinha. É ganhar presente sem nenhuma serventia, no aniversário. Família é amar o filho como louco, é sentir a dor do outro, é não ter ódio e ter compaixão, não sentir raiva e ter emoção.

Família, célula mater da sociedade. Me acompanha, no campo ou na cidade. Família, eu te amo de paixão. Se eu fizer droga, PERDÃO!!!

Marília Barboza

Essa outra Teresa

"A primeira vez que vi Teresa", assim começa Manuel Bandeira um de seus famosos poemas. E vai falando dela, dessa Teresa, ao longo dos versos, com doçura e espanto. Mas não é dela, dessa moça do poeta pernambucano que eu quero falar. Quero falar de outra Teresa, casada com um certo Josué Ferreira que conheci em Duas Barras, interior do Rio de Janeiro. Quero falar também com doçura e espanto. E mais: com uma certa reverência. Doçura porque o seu rosto emanava uma bondade, uma tolerância, uma compreensão plena da vida e das pessoas. Espanto porque ela surgia da sala, da janela (quando virava a cabeça), mal iluminada pelas réstias de sol que vazavam do telhado – era um susto, um grito, um silêncio. E reverência porque Teresa tinha a transparência de uma luz, um ser de luz, uma sombra de uma alma do outro mundo, um susto. É dessa Teresa que eu quero falar. A Teresa de Duas Barras, de Pilares, da sopa de entulho, das filhas Zezé e Deuzina, que estão juntas no céu.

A última vez que vi Teresa, não vi mais nada. Como diz o poema de Bandeira: "os céus se misturaram com a terra, e o espírito de Deus voltou a se mover sobre a face das águas".

A bênção, dona Teresa.

Fernando Faro

BRASÃO FAMÍLIA FERREIRA

    A família Ferreira teve origem na vila castelhana de Herrera, no Reino de Castela.

    A pessoa mais antiga deste sobrenome foi dom Fernando Rodrigo Ferreira, descendente de dom Alvar Herrera e de dom Rodrigo Alvares Ferreira, senhor do Passo do Ferreira, na freguesia de São João Eiris, conselho de Aguiar de Sousa. Homem rico, dom Fernando recebeu muitos herdamentos no conselho de Aguiar e é reconhecido como o primeiro dos Ferreira de Portugal.

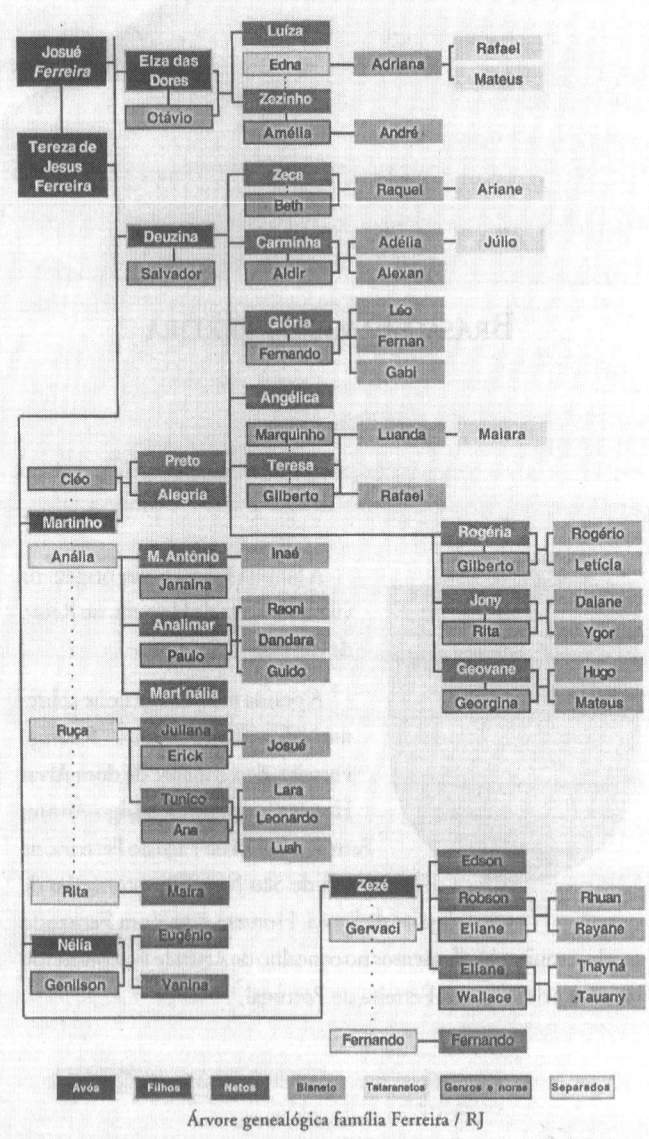

Árvore genealógica família Ferreira / RJ

Árvore Genealógica da Família Ferreira

Família Ferreira

Há muitas Famílias Ferreira. A minha tem origem em um curumim goitacás, de um grupo indígena do Brasil, hoje extinto, que habitava as terras próximas do litoral do Espírito Santo até o vale do rio Paraíba do Sul.

O indiozinho goitacá que foi capturado por caçadores bibarrenses que, depois de lutar muito, foi amarrado por corda e levado para a casa de um dos capturadores, de nome Josué Ferreira.

De início foi mantido sobre vigília para não fugir, mas, por não tentar fuga e adaptar-se, passou a ser tratado como um membro da família.

O seu aprisionamento ocorreu num dia 11 de novembro, comemorativo de São Martinho, e por isso foi batizado com o nome Martinho José e registrado com o sobrenome Ferreira.

Muito prestativo, o menino ajudava em serviços da casa, e ficou responsável pela alimentação dos animais, praticamente domésticos, tais como os galináceos, patos e gansos.

Crescido, forte e bonito, era muito paquerado pelas moçoilas da vizinhança, namorou algumas até conhecer Procópia, de origem africana, com quem se casou; tiveram um filho, batizado como Josué, graça bíblica extraída do livro *Êxodo*.

Josué foi o discípulo de Moisés que estava no Monte Sinai

com o profeta, no dia em que ele recebeu Os Dez Mandamentos da Lei de Deus.

    Homem de fé e corajoso, Josué conduziu o povo de Israel à terra prometida e dividiu as terras de Canaã entre as doze tribos israelitas.

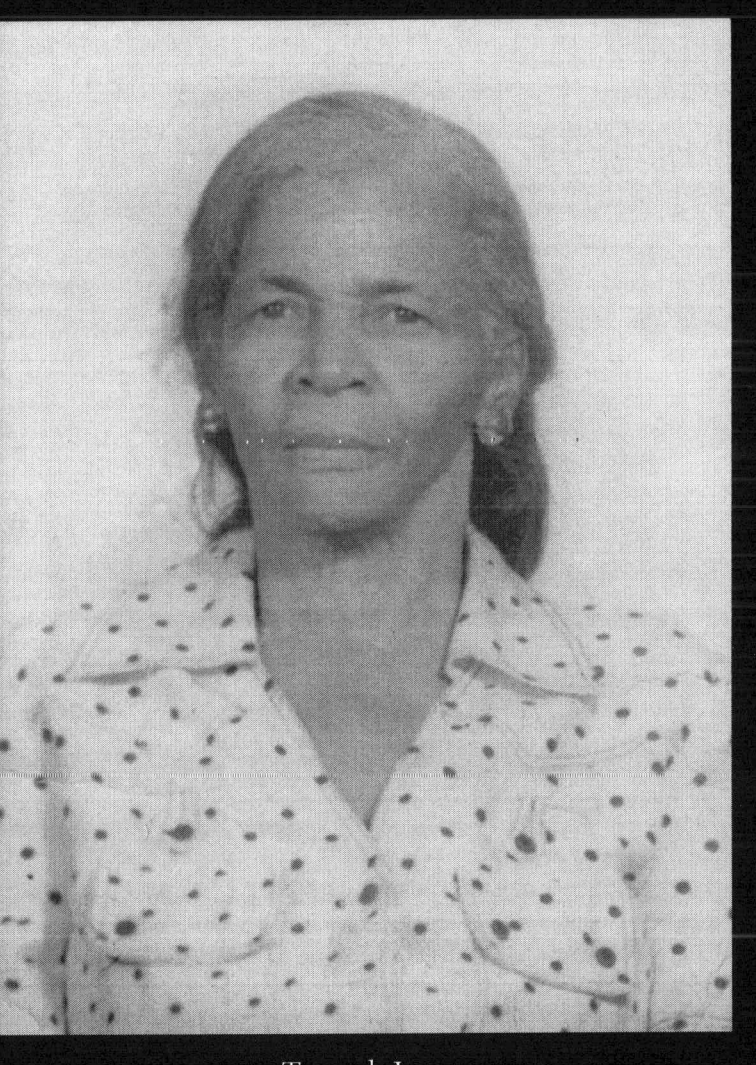

Teresa de Jesus

Eu nasci em uma fazenda

Não se deve confiar cegamente no Google, mas eu pesquisei também em outras fontes e achei a confirmação de que o Marquês de Santo Tirso, o nobre português Manoel Henriques, foi deportado para o Brasil e aqui ficou conhecido como O Mão de Luva. Segundo uma lenda, o Marquês foi a grande paixão da princesa Maria, filha de dom José I, e teve seu título e bens confiscados, foi preso e a princesa visitou-o no cárcere, beijou-lhe a mão esquerda, deu-lhe uma luva e pediu que ele a usasse por todo o sempre.

Vila Rica virou Ouro Preto, e o homem da mão beijada pela princesa Maria veio "cantar de galo" nas Minas Gerais do Brasil e jamais tirou a tal luva.

Foi minerar nos "Sertões do Leste" e o ouro de Cantagalo foi todo contrabandeado pelo Mão de Luva e outros bandoleiros.

A miséria campeava na Suíça, e o imperador Dom João VI mandou buscar trabalhadores de lá, oferecendo terras e bancando as despesas de viagem para cem famílias. Cerca de duas mil pessoas vieram e mais ou menos trezentas morreram na travessia do Atlântico. Além das terras, os imigrantes receberam sementes, animais de trabalho e, como subsídio, uma espécie de salário nos dois primeiros anos. Da mesma forma foram trazidos para a região, algum tempo depois, mais de três centenas de alemães.

Para desbravar e povoar a área, seria de conveniência econômica assentar nas terras homens livres brasileiros, entre eles ex-escravos alforriados, pois não haveria despesas com transporte intercontinental. Bastariam pequenos subsídios para sementes e ferramentas. Se assim fosse feito, teria sido iniciada a reforma agrária no Brasil e não teríamos os problemas sociais que se arrastam até os dias de hoje.

Alguns historiadores, como Edson de Castro Lisboa, dizem que o imperador planejava embranquecer o Brasil, física e culturalmente, e por isso incrementou a vinda de aventureiros da Europa.

A vida dos imigrantes europeus na Região Serrana do Rio de Janeiro não foi nada fácil, pois a colônia que deu origem a Nova Friburgo, Bom Jardim e Duas Barras localizava-se num contexto florestal isolado de qualquer outro centro consumidor. Muitos não sobreviveram. Sentiam-se como prisioneiros porque, para se afastar da colônia, necessitavam de uma espécie de passe que só teria validade se assinado por uma autoridade nomeada pelo imperador.

Algumas famílias de helvéticos e germânicos foram instaladas onde só havia uma morada em ruínas, às margens dos rios Negro, Baú e Resende, que cortam o vale formando as barras que originaram o nome da atual cidade – Duas Barras.

Inicialmente formou-se um povoado denominado Taperá, que prosperou e fez surgir grandes fazendas, algumas das quais, testemunhas do tempo, estão catalogadas num livro feito pelo então secretário de Cultura, o professor Edson Felipe.

Nas matas podia-se encontrar boa caça, e os rios eram muito piscosos, o que atraiu pescadores e caçadores.

Foi criada a irmandade de Nossa Senhora da Conceição

em Tapera e depois, por lei provincial, a vila foi oficializada como Freguesia de Nossa Senhora da Conceição das Duas Barras do Rio Negro.

Com a proibição do tráfico de escravos, o negro passou a ser um bem valiosíssimo, e os coronéis fazendeiros, assim como os barões João Antônio de Morais (barão de Duas Barras) e José de Aquino Pinheiro (barão de Aquino), investiam em escravos comprados no mercado do Rio de Janeiro.

Para a freguesia certamente foram levados alguns dos meus antepassados, advindos do continente africano.

A região prosperou e uma multidão de escravos miseráveis e sofridos homens livres convivia com a opulência dos barões na era cafeeira.

Veio a abolição da escravatura e a maior riqueza das fazendas, os escravos, perdeu o valor. Os coronéis foram à bancarrota e houve um êxodo de cerca de 50% da população. Empobrecidos, os coronéis tiveram de dividir as suas terras em pequenas propriedades, a maioria com cerca de quarenta alqueires, e vendê-las para novos agricultores que chegavam. Os chegantes passaram a se comportar como os da terra e foram considerados como "os novos bibarrenses", da mesma forma como são vistos os proprietários que chegam nos tempos atuais.

Assim como muita gente é considerada carioca sem ter nascido na Cidade de São Sebastião, são conterrâneas nossas todas as pessoas que têm uma propriedade no município emancipado em 8 de maio de 1891 ou que adotaram a cidade como sua.

Foi naquelas pequenas fazendas que trabalhavam de meeiros colonos como Josué Ferreira, mulato letrado, trabalhador e amante das folias de Reis, cantador das ladainhas caseiras e dos calangos nos bailes de sanfona.

Na "cidade que faz sorrir" dá gosto de ver as terras cultivadas e, no pitoresco distrito de Monera, que é limítrofe com Cantagalo, Nova Friburgo, Carmo e Sapucaia, podem-se visitar belas fazendas antigas e novas propriedades bem- cuidadas.

Bom Jardim fica no caminho de quem vai do Rio para a cidade chamada por muitos de *off* Rio, que tem clima de montanha e é um lugar especial para quem ama a natureza e gosta de tranquilidade. Na entrada há um vale encantado e nos dias de festa a bandinha toca no coreto da praça.

Um bom programa que eu gostava de fazer, quando jovem, era cavalgar por caminhos de antigas fazendas, banhar-me numa das cachoeiras ou simplesmente ficar de conversa fiada com amigas na porta da igreja. Por felizmente ter adolescido lá, tive o meu tempo de namorar num banquinho da praça.

Eu amei Duas Barras como todos deveriam amar a terra natal.

Nasci numa fazenda, em 1907, ano marcante para o Brasil, pois foi nele que Rui Barbosa, o Águia de Haia, deslumbrou o mundo ao falar em várias línguas na Holanda, por ocasião da Segunda Conferência da Paz.

Vi a luz do dia, pela vez primeira, em 15 de outubro do mesmo ano em que Santos Dumont sobrevoou Paris num aparelho mais pesado que o ar.

A cidade é muito festeira, tem barraquinhas e procissões no dia 8 de dezembro da padroeira, Nossa Senhora da Conceição, mas a festa que mais emociona é o Encontro do Folclore na primeira semana de janeiro.

Dos meus avós não sei nada comprovável, apenas ouvi dizer

que um deles era de uma família nobre de Angola, vindo ao Brasil como escravo. Sendo assim, acredito que nossa família tem origem na cruza de índio com negro.

Meu sogro, Martinho José Ferreira, era silvícola de uma tribo goitacá.

Quanto aos meus pais, só tenho as informações do meu registro de nascimento: filha de Serafina Maria da Conceição Silva com Benedito José Silva.

Acho que eles não cumpriram o juramento "até que a morte nos separe" e também não viveram muito, pois eu e meus irmãos Angelina, Lourdes, Sofia, Isabel e Manoel fomos criados por dona Joana, uma senhora muito querida na cidade de Duas Barras e que morava numa casa-grande na Fazenda do Pacau. Conhecida por Vovó Joana, ela possuía uma espécie de creche e foi mãe de criação de muita gente, entre eles Geralda, Genoveva, Antônia, Francisca e Castorina, parentes afins, bem como muitos dos meus irmãos por afinidade.

Por capricho do destino, tornou-se nossa propriedade a fazenda do Pacau, na qual eu nasci.

Infância e adolescência

Da minha infância eu não me lembro; não existem fotos.

Da adolescência eu só sei que era uma negra bonita, cabelos lisos, moçoila esguia e de feições finas. Um rapaz me disse que eu poderia ser modelo, mas não fui fotografada.

Não me recordo de quase nada daquele tempo, mas certamente foram vivências iguais à de todas as meninas pobres do interior. Logo que passam a andar com firmeza, começam a trabalhar e a maioria, como eu, não é mandada a colégios.

Ainda é voz corrente dizer-se "Mulheres não precisam estudar. Têm é de aprender a lavar, passar, cozinhar e ser bem-educadas, para arranjar bons maridos, e também ser bem religiosas para que Deus permita a permanência com eles".

Quando falavam "educadas e religiosas" estavam querendo dizer "conformadas e submissas".

Não nos ensinavam nada sobre a concepção, a procriação e nem mesmo sobre as transformações do corpo. Sexualidade era um tabu. Tínhamos de descobrir tudo sozinhas. Assim, quando da primeira menstruação, eu tomei um susto. Pensei que tinha me cortado com a bainha da calcinha sem sentir e estava tendo uma hemorragia.

Os rapazes também nada sabiam sobre sexo. Não havia aulas

de educação sexual. Eram poucos os meninos que iam às escolas e mais raros ainda os que completavam o ensino primário. Estou me referindo ao passado, mas esse quadro ainda não mudou.

Não gosto de falar de adolescentes. Adolescência é uma fase em que se está descobrindo a vida, todos pensam que já sabem tudo e que os mais velhos são mal informados, uns retrógrados. Desconfiam de tudo que os mais velhos dizem. Há um pouco de lógica, pois eles começam a desconfiar dos adultos quando descobrem que Papai Noel não existe. Aí sentem-se traídos por terem sido enganados desde pequenos pelos próprios pais.

Eu acredito que não pensava assim, mas não posso afirmar.

Antes de ovular, eu conheci um rapaz bonito que sabia ler, escrever e era bem falado porque ninguém tinha uma caligrafia tão bonita quanto a dele. Era ainda bem menina, mas senti, à primeira vista, uma grande atração por aquele moço, o que eu estranhei de início, mas logo fui adivinhando que era amor. Aos poucos, eu fui me apaixonando. Não foi ele o único namorado que tive em toda a minha existência, mas foi o único homem com quem noivei e casei ainda jovem, assim como a minha irmã Isabel casou-se com o meu cunhado.

O nosso casamento foi muito comentado porque éramos duas irmãs casando no mesmo dia com dois irmãos – Josué e Valdevino.

Josué Ferreira (1905-1948)

Josué Ferreira

Pouquíssimos brasileiros têm este nome evangélico.

Apaixonei-me pelo filho de Procópia Ferreira e Martinho José Ferreira; nos casamos em 1925, tivemos 5 filhos que vingaram, e eu cataloguei 24 netos, 28 bisnetos e 5 tataranetos, sendo que um dos 8 filhos da Deuzina, o Zeca, herdou o nome bíblico do avô, assim como o único varão da Juliana, também meu bisneto.

Sempre fomos católicos praticantes. Caminhávamos cerca de dez quilômetros para ir à igreja de Nossa Senhora da Conceição de Duas Barras e tínhamos a Bíblia em casa. Volta e meia, Josué nos reunia para ler respeitosamente um capítulo e ele advertia que a Bíblia tem muitas interpretações. Era hábito dele criticar ou enaltecer os sermões dos párocos ao retornar das missas aos domingos, durante as longas caminhadas de volta para casa.

Meu marido era conhecido como seu Ferreira e todos admiravam aquele mulato trabalhador, de boa aparência, muito asseado e que andava, dentro das suas possibilidades, muito bem vestido.

A maioria do pessoal de lá se referia a ele como "aquele mulato fino". E por saber ler, escrever, dominar as quatro operações básicas da aritmética e ter uma bela caligrafia, os amigos mais chegados o saudavam:

– Bom dia, Seu Letrado!

Outros:

– Boa tarde, Seu Josué das Letras!

Ou:

– Boa noite, Professor!

As saudações eram sempre acompanhadas de uma referência à sua sabedoria, porque ele tinha um conhecimento muito acima da média entre os trabalhadores do campo e também superior à de muitos fazendeiros. Se hoje, no Brasil, ainda há um número grande de analfabetos, imaginem no fim da década de 1930 e início da de 1940, que é o tempo a que me refiro.

Há um dito popular que afirma que "em terra de cego, quem tem um olho é rei". Quem sabe ler vê mais e meu Josué reinava.

Graças aos conhecimentos de matemática, fazia o papel de contador nas fazendas onde trabalhava e, por ter boa caligrafia, era uma espécie de guarda-livros, serviços pelos quais nada recebia além dos agradecimentos e elogios dos patrões. Também ajudava os senhorezinhos nos deveres de casas escolares e alfabetizou alguns.

Josué era um homem alegre. Gostava de cantar leras, isto é, improvisar versos nos calangos, ritmo característico do interior do estado do Rio de Janeiro. Também criava cantorias e escrevia a história dos reis magos em versos para mestres cantarem nas folias de Reis, além de ser um bom tirador de ladainhas caseiras, orações que se rezavam em novenas, de casa em casa, para pagamento de promessas.

As senhoras beatas chamavam-no reverentemente de "O Rezador". No meio de um sermão o pároco da cidade, quando falava de oração e trabalho, se referiu a ele como "O Operário das Rezas".

E o fez com muita justiça, pois, fora dos oratórios, ele era realmente um trabalhador respeitado.

Para sua subsistência, ele laborava como meeiro, ou seja, arrendava terras para plantar com a obrigação de dividir a colheita com o proprietário.

O sistema parece muito justo: um entra com a terra e o outro com o trabalho. Acontece que só os lucros são divididos. Quando calha de dar praga numa plantação, destruindo-a, o prejuízo é só do meeiro. Além das pragas, há as tempestades, as chuvas de granizo, as geadas, as secas... Quando nada disso acontece, a colheita é dividida igualitariamente e, como em geral ele tem dificuldade de levar o produto diretamente aos revendedores, o meeiro é obrigado a vender a sua parte ao fazendeiro pelo preço que lhe é proposto. Do saldo, paga as dívidas adquiridas para a compra de sementes, pesticidas, peões contratados e ferramentas, não lhe sobrando quase nada.

Depois de uma colheita mal-sucedida, Josué me confidenciou:

– Teresa... Estou desanimado com esta vida que eu levo.
Fiquei calada, com expressão pensativa, e ele prosseguiu:

– Estou pensando em mudar de vida.

– Como?!

– Sair daqui, tentar uma outra coisa em outro lugar.

– Ir se aventurar no Rio, já sei.

– Isso mesmo. Estou completamente decepcionado com a lavoura e aqui não há assalariados. Os fazendeiros querem que a gente trabalhe a troco de casa, comida e algum agrado que eles dão, feito esmola, sem nenhuma obrigação. As crianças, filhos de colonos, também ajudam nos trabalhos e nada recebem. É quase um regime de escravidão.

— Como está pensando em fazer?

— Vou passar uns dias lá na casa do compadre Bertoldo, marido da minha irmã, a comadre Lourdes, e vou procurar um emprego. Venderei umas coisas que temos pra deixar dinheiro contigo. Depois que estiver colocado, alugo casa e venho buscar você e as crianças menores. A Elza pode ir logo comigo, como se fosse a um passeio.

— Acha mesmo que vai ser melhor, Josué?

— Creio que sim. Lá no Rio, ao menos vou ter um salário fixo. E, sempre que possível, farei serão, pois as horas extras de trabalho são pagas em dobro.

— Uma coisa está me intrigando. Por que você só pensou nisso agora?

— Já faz um tempo que ando matutando. Desde que o nosso varão começou a andar e falar, eu passei a pensar no futuro dele. O Martinho já está próximo dos quatro anos e daqui a pouco vai começar a ser mandado a abrir porteiras. Depois a cuidar dos animais e logo, logo ele vai pegar no cabo da enxada. O máximo que ele poderá alcançar é chegar a meeiro, como eu cheguei. Isso se estudar e tiver muita sorte e disposição para o trabalho porque os fazendeiros não arrendam suas terras a qualquer um.

— É mesmo. Aqui até pra estudar é difícil e quem por cá permanece não conhece mais nada da vida.

— É principalmente por nosso filho que eu quero partir, embora pense também nas meninas.

— Se está decidido mesmo, vamos embora.

— Eu tenho tanta vontade de conhecer o Rio — disse Elza.

Então vamos comigo para a casa da comadre Lourdes. Assim dito, assim feito, Josué e Elza viajaram para o Rio.

Em Duas Barras só havia pobres e proprietários. Ricos de verdade não, embora alguns fossem bem abastados. Eu fiquei imaginando como deveria ser a vida numa cidade grande, com gente de todo tipo.

Eu gostava da tranquilidade do campo. Achava a vida da roça monótona, mas ainda não havia experimentado a sensação de solidão. Sem Josué e Elza, eu me senti demasiadamente solitária, embora tivesse mais quatro filhos, Deuzina, Martinho, Nélia e Zezé, sendo que a menor, Maria José, tinha poucos meses de vida.

Josué se foi e eu fiquei, esperançosa e apreensiva. Dormia, sonhava e acordava pensando nele, ávida por notícias, mas o tempo ia passando e nada.

O Rio era um lugar distante, muito longe para quem nunca viajou para lugar algum fora do município. Ônibus de carreira para a capital não havia e a viagem de trem durava um dia inteiro. Quando melhoraram a estrada, acabaram com o trem que saía de Cordeiro e ia até Niterói. Se tivesse permanecido, a viagem Rio-Nova Friburgo-Rio seria hoje um belo passeio turístico.

Passaram-se um mês, dois, três... e as notícias não chegavam.

Eu já estava até sendo vista como mulher abandonada. Felizmente, um dia, ele apareceu, não muito sorridente.

– Oi, Teresa! Que saudade!

– Que bom que você chegou. Pensei que não voltaria mais – falei tentando mostrar uma certa indiferença, pois estava aborrecida com o longo tempo sem notícias. Abracei primeiro Elza, perguntando se ela gostou do Rio.

— Gostei e não amei. É muito diferente. Perturbei a vida do pai pra ele me trazer de volta ou vir buscar todo mundo.

— Eu demorei a me decidir porque pretendia organizar tudo direitinho para depois vir buscar vocês, mas a Elzinha me perturbou tanto...

Aí o Josué me abraçou e eu, cheia de saudades, retribuí quase chorando. Ficamos abraçados por um bom tempo, tendo o Martinho com seus quatro anos e a Nélia, de dois aninhos, agarrados às nossas pernas, enquanto Elza foi pegar a maninha de apenas três meses que quase não conhecia.

Custamos a retornar à conversa.

— Pelo jeito, está tudo bem por aqui, mas eu acho melhor irmos para lá.

— Como vamos viver no Rio? Já arranjou emprego?

— Ih! Teresa... Você vai estranhar muito. Vamos morar numa casa pequenina, na verdade, apertados num barraco.

— Já o alugou?

Ainda não, pois você é quem decide se realmente vamos ou não. Fiquei pensativa e ele continuou:

— Só mesmo um barraco vai dar para alugar com o salário que consegui na Fundição Americana, mas acredito que logo vou arranjar outro emprego e tudo vai melhorar.

— Já que você acredita e tem fé, vamos dar cabo de tudo que temos, cair fora com coragem e contar com a sorte.

Vendemos quase todos os pertences – galinhas, porcos, um cavalo, uma junta de bois de arado, enxadas, machados... Demos o cachorro, ferramentas pequenas e outras coisas sem valor para amigos mais pobres e pusemos o pé na estrada.

Partimos levando uma pequena bagagem. Pequena para nossa família de sete pessoas, que estava de mudança, porém grande para se carregar nos ombros: objetos pessoais, roupa de cama... Um bornal com o farnel, pois o percurso era longo.

A debandada

Na década de 1940, o mundo passou por grandes transformações em consequência da Segunda Guerra Mundial. O Brasil fez carnaval, com a população mais descontraída pulando nas ruas, em regozijo pelo fim do conflito e, no mesmo ano de 1945, Getúlio Vargas foi deposto. O povo chorou.

O operariado brasileiro, de norte a sul, adorava o Presidente que consolidou as Leis do Trabalho.

Os fazendeiros de Duas Barras, como a maioria dos latifundiários do país, se negavam a pagar o salário mínimo e houve uma debandada de trabalhadores rurais para os grandes centros. Comadre Lourdes, minha irmã, foi uma das primeiras a sair. No Rio, casou-se com o compadre Bertoldo, de quem teve um único filho, o Zé da Cruz, nascido na Boca do Mato, lugar para onde já haviam ido alguns parentes, como a comadre Genoveva e outros.

Meu cunhado, o Valdevino Ferreira, bandeou-se para São Paulo com a família, e por isso temos muitos parentes na terra da garoa: Ademar, Jaides, Walter, Adalto, Iolanda, Isa, Heitor...

Josué resolveu ir para o Rio porque já conhecia a cidade, onde prestou serviço militar no Primeiro Batalhão de Carros de Combate, na Avenida Brasil, e também porque poderia ficar perto da mana Lourdes, que já tinha ido morar na Boca do Mato, bairro Lins e Vasconcelos.

A viagem de trem para o Rio foi um acontecimento para mim e para os nossos filhos, que jamais haviam ido a lugar algum.

Pegamos a locomotiva que saía de Cordeiro na estação de Monerat, a parada mais próxima de Duas Barras.

Ficamos encantados com a maria-fumaça, da qual as crianças ouviram falar mas nunca tinham visto. Só Josué já viajara de comboio. Minto, Elza também. Eu e Deuzina já o conhecíamos, mas nunca havíamos entrado numa locomotiva.

Que emocionante a viagem! A subida e a descida da Serra de Friburgo foi lenta e tranquila, mas na chegada à estação de Cachoeiras de Macacu nos assustamos com o tranco e o rangido das rodas nos trilhos.

Dali pra frente, o terreno era plano e o trem correu mais. As crianças ficaram confusas, tendo a impressão de que as árvores, os postes e a paisagem em geral é que passavam correndo pelas janelas do trem.

Por causa das emendas dos trilhos – para não terem problemas com a dilatação – ouvíamos os sons "pataco-pataco, pataco-pataco", lentos ou mais acelerados, de acordo com a velocidade do trem.

Aos meus ouvidos os sons pareciam dizer: *"mudando-de-vida, mudando-de-vida, mudando de vida..."*. Nos de Josué era como se falassem o que ele lera numa poesia do Solano Trindade: *"tem-gente-com-fome, tem- gente-com-fome, tem gente com fome..."*.

Viajamos tão distraídos que custamos a nos lembrar do farnel que preparamos e enfurnamos no bornal. Então promovemos um piquenique no trem, bebendo o café com leite frio que trazíamos num garrafão e comendo broa de milho. Mais tarde, saboreamos galinha desossada com pão e ovos cozidos. Foi um belo programa a viagem.

Saltamos em São Gonçalo, Município de Niterói, meio tontos pelo balanço do trem, depois de chacoalhar durante doze horas, e ficamos mais atordoados ainda com o barulho e a movimentação da cidade, como ficam todos os interioranos quando vão para um grande município.

Que espanto quando nos deparamos com a baía da Guanabara!

– Nossa! Que açude grande – disse Deuzina.

– E a água se mexe. Deve estar vindo de algum grande rio...

– É o tal Rio de Janeiro – argumentou Elza, olhando para mim como se estivesse dando uma informação certa.

– É o mar, não é, Josué? – interpelei.

– É... ou melhor, mais ou menos isso. É uma baía, a famosa e bela Guanabara, e a água é salgada. Vamos ter de atravessar.

– Como!?

– De cantareira.

– É um navio?

– Quase. É uma barca. Estão vendo como ela é grande? Toda essa gente que está a nossa volta vai nela... E é seguro, não afunda.

Ressabiados, entramos e, sem atropelos, atravessamos a bela Guanabara até a Praça XV.

Depois, outra novidade: o bonde até à Boca do Mato, no Lins de Vasconcelos.

Com exceção de Josué, que explicava tudo e se divertia com o nosso assombro, todos estavam confusos. Chegamos exaustos à Boca do Mato. Era noite de lua cheia: ainda bem, pois não havia luz elétrica na serra dos Pretos Forros. Ao clarão da lua subimos o morro sob os olhares curiosos dos moradores. Os favelados tinham razão de nos olhar daquele jeito, pois parecíamos aqueles retirantes nordestinos narrados por Jorge Amado em alguns dos seus livros – Josué carregando uma grande mala; Teresa com a Zezé ao colo chupando dedo; Nélia, com seus dois anos, de mãos dadas com a Deuzina, que também cuidava do irmão de quatro anos; e Elza, a mais velha, carregando um saco de estopa, amarrado pela boca, cheio de pertences.

Nos amontoamos na casa dos compadres Bertoldo e Lourdes. Martinho se afeiçoou logo com o primo José da Cruz, e os dois brincaram como se fossem amiguinhos antigos.

Naquela noite praticamente não dormimos. Nem nós, nem eles.

A Boca do Mato

Tudo indica que a serra dos Pretos Forros tenha sido um quilombo, cantado num samba-enredo da Escola de Samba Unidos de São Carlos, hoje Estácio de Sá

> *"Na região denominada Pretos Forros*
> *Lá na Serra do Mateus, na Boca do Mato*
> *Todo negro dono da sua liberdade*
> *Na maior felicidade*
> *Se dirigia para lá*
> *Reunidos, davam início à festança*
> *Com pandeiros, tamborins, xexerés e ganzás"*

Os antigos quilombos abrigavam negros fugitivos da escravidão, e a serra referida era um lugar onde se juntavam pretos alforriados e brancos perseguidos pela Justiça, a maioria por lutar pela causa abolicionista.

A Boca do Mato ganhou este nome porque ao pé da serra havia um descampado que ia dar num matagal e que acabava numa floresta conhecida como Mata Virgem, onde é hoje o bairro Ouro Preto. O descampado virou um largo formado pelo cruzamento das ruas Aquidabã e Maranhão, o Largo da Boca do Mato, onde o Stanislaw Ponte Preta inventou o casarão da Tia Zulmira.

A maioria dos lugares naturalmente se desenvolve, mas há uns que estagnam e outros que decaem. A Boca do Mato, me dói dizer, foi um bairro que decaiu.

O bairro Boca do Mato era muito bom dos anos 40 aos 90 e havia um bom comércio: uma padaria e confeitaria grande, dois armazéns, um açougue, uma farmácia, duas quitandas, uma carvoaria e três bares, sendo que um era bar e lanchonete e em um dos outros, o maior, havia mesas de sinuca. Tudo ficava aberto até tarde e os moradores dos arredores iam para lá, o que dava vida ao bairro.

O morro também era melhor. Havia um bloco carnavalesco, o Burrinha do Abelardo, uma escola de samba, a Aprendizes da Boca do Mato, e dois times de futebol, o Caparaó e o Boquense.

A Rua Aquidabã vai até o pé do morro. Depois do cruzamento passou a ser conhecida como Rua de Baixo, enquanto a Maranhão, Rua de Cima, vai até onde havia um terreno baldio, campo de peladas e outras brincadeiras da molecada.

Quando a pelota não rolava, era lá que eles soltavam pipa, jogavam malha, bola de gude... brincavam de pique-esconde ou se divertiam em outras brincadeiras. Antes do descampado, à esquerda de quem sobe, há um caminho de subida que vai dar na parte conhecida como Morro do Céu, e à direita havia uma descida para se atravessar uma laje e subir para o lado do Terreiro Grande, um templo do candomblé da linha Angola, próximo do qual nós morávamos. Subindo-se mais por esse lado, chegava-se às terras do seu Bento, que tinha até cavalos, era proprietário de muitos barracos e residia numa bela casa, bem no alto do morro. Ao fundo do descampado, onde as crianças brincavam, começavam os domínios da dona Maria das Vacas, assim conhecida por ter algumas cabeças de gado num pasto inclinado que ia dar na mata virgem da serra dos Pretos Forros.

Pelo descrito dá para imaginar que o morro da Boca do Mato não era uma favela amontoada de barracos como é hoje e, portanto, eu não estranhei muito o lugar, um morro com algumas características rurais e totalmente tranquilo.

Não havia iluminação, mas eu nem liguei para a falta de luz elétrica porque na roça também não havia. O problema maior estava na água potável. A de limpeza pegava-se na laje, bem perto da morada, mas a de beber era preciso pedir, por favor, lá nas casas da Rua de Baixo ou no olho-d'água da dona Elvira, uma senhora negra privilegiada que morava na parte baixa. Esta, que era muito boa gente, ficou logo minha amiga, mas o poço dela não dava vazão e então tínhamos de ir buscar água lá em cima, na nascente das terras da dona Maria das Vacas, só quando ela estava de bom humor, o que não era comum.

A das Vacas era portuguesa e branca. Aliás havia muita gente branca por lá, tais como as famílias da dona Paulina, mãe do Ruço; a do Beu de Abras; do Mudinho; do Chiquinho, que foi Presidente da Escola; da Onorina... esta quase nora.

Lá não havia boca de fumo nem ponto de outras drogas. A malandragem jogava ronda com cartas de baralho e os poderosos do morro eram o Seu Bento e o seu José Rolão, que tinham fama de feiticeiros, eram donos da maioria dos barracos e possuíam até chácaras.

Quando chegamos da roça, passávamos os dias juntos na casa da comadre Lourdes, mas à noite nos dividíamos porque a morada alugada pelo compadre Bertoldo era um barraco pequeníssimo, não dava pra abrigar tanta gente. Assim, Elza e Deuzina iam dormir na casa da Geralda; Martinho e Nélia na do tio Florentino. Isso permaneceu até alugarmos um minúsculo barraco, como o Josué havia falado, pior que o dos parentes, consanguíneos e afins, que também saíram da roça para a Boca do Mato – tios Florentino e Genoveva, com os filhos Joaquim, Alaíde, Hélio Dançador, Ercília, Moacir e Terezinha; Marcionília, irmã do Josué, casada com Paulino, e os filhos Amelinha, Geralda, Geny, Maria José e Lúcia; Geraldo Monteiro e a mulher Finfinha; Tião Soares, que se casou com Arminda, e os filhos Helena, Luizito, Nilza e Hilza; e Joãozinho, parente por afinidade, com a mulher Zezé Godinho e os filhos Denise e Valdir Ronca-Ronca, que passou a ser conhecido no Morro da Cachoeira, onde foi morar, como o Valdir da Deise.

O Hélio dançador, filho da Genoveva e Florentino, casou-se com a Penha, com quem teve muitos filhos.

Todos convivíamos muito bem e o melhor dessa convivência é que quando havia um problema com algum morador um outro acudia. Nossa grande família era muito respeitada e a minha, em particular, era muito admirada pela boa educação.

O labor

A cidade do Rio de Janeiro foi maravilhosa para mim e toda a família, menos para o Josué.

Não me lembro dele se divertindo por aqui. Só vivia para o batente. A vida dele era só luta, labuta, labor, trabalho...

Durante os seis anos que viveu no Rio, Josué teve vários empregos, mas o que marcou foi o da Fundição Americana.

Meu bom marido não era homem de se lamentar, mas me lembro bem do dia em que ele chegou muito fatigado:

— Estou vindo do inferno.

— Que é isso, Josué? Benze essa boca.

— É verdade. Deus me perdoe, mas eu não estou exagerando. A fundição parece mesmo que é a toca do demo. Tem até cheiro de enxofre. Eu trabalho no meio do fogo com faísca por todos lados. E é muito barulhento. Saio de lá sempre meio atordoado.

— Se quiser, podemos voltar pra roça.

— Não. Já estou prestes a arranjar outro batente.

E arranjou mesmo. Foi trabalhar na Fábrica de Papéis Engenho Novo, um emprego bem melhor. O salário também era o mínimo, mas ele trabalhava também em regime de horas extras para ganhar mais uns trocados.

A mudança de labor causou boa transformação nele. Josué

passou a chegar menos fatigado, recuperou o bom humor, fazia comentários sobre suas funções e sobre a melhoria do salário. Eu, para ajudar nas despesas, lavava e passava roupa para fora.

Aí trocamos o pequeníssimo barraco de estuque sem reboco por um outro maior, com sala, quarto e cozinha, geminado com o da comadre Genoveva, e que tinha até um quintal na frente com um grande pé de carambola.

Foi uma grande melhora.

Trouxemos de Duas Barras a comadre Procópia, minha sogra, para morar conosco. Eu, que cozinhava em fogão a lenha, comprei um fogareiro a carvão e logo em seguida Josué apareceu com um fogão a querosene.

Havia passado apenas um ano e pouco do dia em que decidimos trocar a vida do campo pela da cidade e já estávamos adaptados aos novos costumes. Vivemos tempos felizes naquele morro.

A alegria local era maior para nós no mês de junho porque as festas de São João, Santo Antônio e São Pedro nos lembravam o interior, por causa das brincadeiras nas danças de quadrilha e dos animados bailes a sanfona.

Quando a eletricidade chegou ao morro, Josué combinou com o seu Tutuca, o senhorio, um preço por um bico de luz, ou seja, energia puxada do relógio que só os donos dos barracos tinham naquelas bandas. Então ele comprou não sei quantos metros de fio e iluminou o barraco com luz elétrica. De início foi só uma lâmpada na sala, que iluminava parcialmente o quarto, mas logo colocamos mais uma na cozinha.

Todos os meus filhos iniciaram o conhecimento do alfabeto

com o pai e, antes do advento das lâmpadas, era difícil o aprendizado à luz de velas.

Nos dias em que chegava mais cedo do trabalho, graças à luz elétrica, Josué dava aulas com mais facilidade a Deuzina, a Martinho e ensinava as primeiras letras a Nélia, o que fazia nos sábados, domingos, feriados e nos dias em que chegava mais cedo do trabalho.

Eliminadas as lamparinas e os lampiões, arquivei parcialmente também o ferro de passar roupa a carvão, trocando-o por um elétrico. Não pude arquivar de vez o antigo e pesado ferro, pois eu tinha de marcar hora com o senhorio para passar roupas, porque, quando se ligava o ferro, caía a voltagem e e, assim, o seu Tutuca percebia quando, dos seis barracos que alugava, algum dos três beneficiados com luz elétrica havia ligado o ferro. E havia um outro custo para utilizar ferro elétrico.

Geladeira ninguém possuía, nem vitrola. Tia Genoveva tinha um gramofone movido a manivela e a família se juntava ao redor dele para ouvir os seus poucos discos, entre os quais os do Francisco Alves e do Orlando Silva.

Meu grande sonho era o rádio e Josué me deu um de presente. Só era permitido ligá-lo a partir das seis horas, pois pensava-se que assim se economizava energia. Mas era muito bom começar a noite ouvindo a oração da ave-maria.

A luz era cortada às vinte e duas horas, mas éramos felizes mesmo morando no morro, num barraco de zinco, no qual em dias de chuva à vera, água goteirava. Sem banheiro interno, a casinha para as necessidades do corpo era coletiva, usada pelos seis inquilinos do seu Tutuca, mas na nossa morada tínhamos fogão a querosene, uma lâmpada de luz elétrica e rádio. O pouco com Deus é muito. Foram tempos felizes.

Partida sem adeus

Josué gostava de falar de política e eu me esforçava para entender o que ele dizia. Explicava que o Presidente Vargas não se suicidou. Segundo ele, suicida tem por objetivo atingir alguém, com o sentido de vingança. Pode ser também um ato consciente de bravura de alguém que está encurralado e vai ser morto: para não dar o prazer aos inimigos ele se desfaz da própria vida. É o caso de heróis como Zumbi dos Palmares, que, para tirar o gosto de vitória dos seus algozes, suicidou-se atirando-se do alto da Serra do Gigante, segundo a lenda.

Muitos suicidas são vingativos e sempre têm por objetivo atingir alguém com a sua morte.

Os que decidem morrer em benefício de outros têm uma atitude louvável, como, por exemplo, alguém que está com um mal sem cura e os custos médicos e dos remédios estão dilacerando todos os bens da família, que sofre com a sua doença. Então esse alguém resolve abreviar a própria vida. Nesse caso não se deve usar a palavra suicídio, mas sim dizer que foi um "desaparecimento em benefício familiar".

São heróis os que resolvem morrer por uma causa. Josué defendia que esse foi o caso do Getúlio, que partiu e deixou como adeus uma emocionante carta de despedida.

Carta-Testamento

Mais uma vez, as forças e os interesses contra o povo coordenaram-se e novamente se desencadeiam sobre mim. Não me acusam, insultam; não me combatem, caluniam e não me dão o direito de defesa. Precisam sufocar a minha voz e impedir a minha ação, para que eu não continue a defender, como sempre defendi, o povo e principalmente os humildes.

Sigo o destino que me é imposto. Depois de decênios de domínio e espoliação dos grupos econômicos e financeiros internacionais, fiz-me chefe de uma revolução e venci. Iniciei o trabalho de libertação e instaurei o regime de liberdade social. Tive de renunciar. Voltei ao governo nos braços do povo. A campanha subterrânea dos grupos internacionais aliou-se à dos grupos nacionais revoltados contra o regime de garantia do trabalho. A lei de lucros extraordinários foi detida no Congresso. Contra a justiça da revisão do salário mínimo se desencadearam os ódios. Quis criar liberdade nacional na potencialização das nossas riquezas através da Petrobrás e, mal começa esta a funcionar, a onda de agitação se avoluma. A Eletrobrás foi obstaculada até o desespero. Não querem que o trabalhador seja livre.

Não querem que o povo seja independente. Assumi o Governo dentro da espiral inflacionária que destruía os valores do trabalho. Os lucros das empresas estrangeiras alcançavam até 500% ao ano. Nas declarações de valores do que importávamos existiam fraudes constatadas de mais de 100 milhões de dólares por ano. Veio a crise do café, valorizou-se o nosso principal produto. Tentamos defender seu preço e a resposta foi uma violenta pressão sobre a nossa economia, a ponto de sermos obrigados a ceder.

Tenho lutado mês a mês, dia a dia, hora a hora, resistindo a uma pressão constante, incessante, tudo suportando em silêncio, tudo esquecendo, renunciando a mim mesmo, para defender o povo, que agora se queda desamparado. Nada mais vos posso dar, a não ser meu sangue. Se as aves de rapina querem o sangue de alguém, querem continuar sugando o povo brasileiro, eu ofereço em holocausto a minha vida.

Escolho este meio de estar sempre convosco. Quando vos humilharem, sentireis minha alma sofrendo ao vosso lado. Quando a fome bater à vossa porta, *sentireis em vosso peito a energia para a luta por vós e vossos filhos. Quando vos vilipendiarem, sentireis no pensamento a força para a reação. Meu sacrifício vos manterá unidos e meu nome será a vossa bandeira de luta. Cada gota de meu sangue será uma chama imortal na vossa consciência e manterá a vibração sagrada para a resistência. Ao ódio respondo com o perdão. E aos que pensam que me derrotaram respondo com a minha vitória. Era escravo do povo e hoje me liberto para a vida eterna. Mas esse povo de quem fui escravo não mais será escravo de ninguém. Meu sacrifício ficará para sempre em sua alma e meu sangue será o preço do seu resgate. Lutei contra a espoliação do Brasil. Lutei contra a espoliação do povo. Tenho lutado de peito aberto. O ódio, as infâmias, a calúnia não abateram meu ânimo. Eu vos dei a minha vida. Agora vos ofereço a minha morte. Nada receio. Serenamente dou o primeiro passo no caminho da eternidade e saio da vida para entrar na História.*

(Rio de Janeiro, 23/08/1954 - Getúlio Vargas)

Todos sentimos muito a morte do Gegê, mas o povo que chorou por ele, em vez de votar em quem abraçava seus ideais, ingratamente votou no Dutra. "Isto é uma verdade", dizia meu marido getulista, pois o marechal Eurico Gaspar foi eleito Presidente da República para o lugar do Dornelles Vargas, gaúcho de São Borja, o que seria impossível sem o voto popular. Se eu votasse, sufragaria no Fiúza como o Josué, que particularmente fez campanha contra o marechal.

Dutra estagnou o país por cinco anos. Mandou fechar o Cassino da Urca, para tristeza dos artistas, mas o Rio de Janeiro continuou alegre e o principal polo artístico era a Rádio Nacional, onde

Marlene, Emilinha Borba, Dalva de Oliveira, Ângela Maria e as irmãs Batista reinavam alegrando o povo trabalhador.

Havia muitos vendedores ambulantes e era tranquilo

caminhar pela cidade, mas eu adorava andar de bonde, porque deles observava vendedores de vassouras com espanadores pendurados pelo corpo, carvoeiros totalmente enegrecidos pelo carvão conduzindo sacos do produto na cabeça. Ia-se lendo a **Revista do Rádio** e ouvindo os pregões dos vendedores ambulantes em fala cantada. Os das frutas pareciam pregar especialmente pra mim: *"Alô, Dona Teresa! A manga está uma beleza. Olá, dona Teresa! Banana pra sobremesa"*. E havia o caminhão da laranja e o do leite, os carrinhos do tripeiro, do peixeiro, que gritava: *"Peixe do Ventura é bom!"*, tinha o amolador de facas, o garrafeiro...

Pelo morro circulavam tranquilamente o padeiro, com seu cesto de pães variados, o homem das verduras, o sorveteiro... Os tipos que eu achava mais interessantes eram os mascates, cuja nacionalidade desconhecíamos, mas, para nós, eram turcos, por suas maneiras de falar e vender. Uns comerciavam roupas masculinas ou femininas e outros vendiam toalhas de mesa e tecidos. Carregavam malas com os artigos e andavam sempre de paletó, mesmo no verão, sem dispensar o chapéu. Vendiam à prestação, anotando apenas os nomes dos fregueses num caderno.

Bons tempos aqueles, de confiança e honestidade, em que o trabalhador era respeitado até pelos marginais, mas a vida do operariado nunca deixou de ser complicada. Sempre houve muito para comprar e o dinheiro era difícil de ganhar.

No fim dos anos 40, os salários estavam estagnados e os preços sempre subindo. Em consequência, seu Tutuca, nosso senhorio, reuniu os inquilinos e anunciou que, devido ao aumento do custo de vida, teria de aumentar o valor dos aluguéis e majorar a taxa dos bicos de luz.

Josué ficou numa situação difícil para cumprir os

compromissos, pois a fábrica onde trabalhava diminuiu a produção e não permitia que os operários fizessem mais horas extras, os tais serões que engordavam os salários.

O mínimo que Josué recebia, mesmo somado ao que eu ganhava como lavadeira e Elza como doméstica, não dava para o nosso sustento e então tivemos de empregar a Deuzina, com seus treze anos, numa casa de família e o Martinho, apenas com nove, foi ser empregadinho doméstico também.

Todos dormiam no emprego, e a casa ficou triste sem eles durante a semana. A situação ficou pior ainda quando eu fiquei grávida, perdi a criança. Nós, que éramos tão alegres, fomos ficando sisudos. Para complicar a situação, era evidente que Josué, embora não falasse nada, sofria com algum problema de saúde, talvez um câncer, quem sabe?

Um dia ele saiu de casa, deixando os documentos, e desapareceu para sempre. Era 22 de julho de 1948.

Martinho, Deuzina, Nélia, Teresa de Jesus,
Elza e Maria José

Chefe de família

Tive onze filhos sem conhecer um hospital-maternidade.

Todos os meus filhos nasceram de parteira e só sobreviveram cinco, saldo assustador para os tempos atuais, porém dentro dos padrões da época, pois o índice de mortalidade infantil antigamente era muito grande. A incidência era tanta que, sempre que nascia uma criança, os pais se apressavam em levá-la à pia batismal para que a recém-nascida não corresse o risco de morrer pagã.

A maior dor que se conhece não é a da perda de um filho ou filha, nem a do pai ou da mãe. É quando um homem e uma mulher, que se fundiram através do amor, formaram uma família, tiveram um bom tempo de vida em comum, superaram muitos problemas juntos, se amaram de verdade e um dos dois falece.

Os últimos dois anos da década de 1940 foram muito difíceis para mim; na verdade, os mais difíceis. Em 22 de junho de 1948, Josué saiu de casa para o trabalho, sem os documentos, e não retornou. Também não apareceu no dia seguinte, nem no outro.

Então eu "procurei na Central, procurei no hospital e no xadrez", como diz um samba do Adoniran, e acabei encontrando-o no Instituto Médico Legal. Custei a acreditar que jamais o veria e, quando tive certeza de que o meu Josué fez a passagem, senti uma dor que percorreu todo o meu corpo. Fiquei desnorteada como se estivesse perdida numa ilha deserta com um mar revolto por toda a volta.

Desejei também a morte. Se não tivesse uma prole, eu certamente morreria, mas, como tinha cinco vidas para cuidar, fiz dos meus filhos o meu ideal de vida.

Em 1948, eu, com menos de 50 anos, estava viúva e sem nenhum filho na maioridade.

Não me desesperei.

Juntei todas as minhas energias e falei comigo mesma: *"Eu vou ser uma grande chefe de família. Vou cuidar bem dos meus filhos e educá-los para, no mínimo, serem boas pessoas."*

Rezei com fé às Almas Santas Benditas. Ao despertar de uma noite mal dormida, reuni a filharada logo que acordaram e deixei bem claro que eles não tinham mais o pai, que teríamos de ser muito unidos, mutuamente solidários, e trabalhar bastante para a nossa sobrevivência. Frisei que não é digno viver de favores e que jamais deveríamos mendigar.

Pedir é uma vergonha. Todo pedinte costumeiro deve ser visto como um ser desavergonhado, com exceção dos deficientes físicos; mesmo assim, só os totalmente incapazes para qualquer trabalho.

Sempre disse às crianças, sem medo de errar, que é melhor morrer de fome que viver pedindo comida.

Felizmente, antes de partir, Josué deixou os documentos de identidade, a carteira de trabalho e outros papéis que facilitaram o recebimento da pensão, que era pior que o salário mínimo mas bem melhor que nada.

Como já se sabe, Elza já laborava como empregada doméstica e também a Deuzina. Nélia estava com quase oito anos e ficava em casa cuidando da irmã Zezé. Martinho não quis mais ser molequinho de madame, mas faxinava numa ou noutra casa de família, limpava caixa de gordura, fazia frete na feira com seu carrinho de rolimãs, vendia bosta de boi e de cavalo como adubo para jardins, recolhida no pasto da dona Maria das Vacas. Levava e trazia, da casa das minhas freguesas, as trouxas de roupa que eu lavava e passava.

O interessante é que ele carregava sacos de estrume, mas não gostava de transportar trouxas de roupa, uma coisa que, quando era obrigado, fazia contrariado.

Sem reclamar, ele fazia faxinas e outros serviços para duas professoras aposentadas, dona Ida e dona Alzira, amigas minhas de igreja, e acabou indo morar com elas.

Ida e Alzira foram duas santas mulheres para o Martinho. Tratavam-no como membro da família, mas pagavam semanalmente pelos seus serviços e a quantia somada era maior que o salário mínimo de um adulto daquele tempo. Nos fins de semana ele vinha pra casa.

Aos sábados, na hora da ave-maria, eu reunia os filhos para rezar em conjunto e depois fazíamos uma reflexão sobre o que havíamos feito durante a semana. Tudo de maneira muito descontraída.

Nos domingos, acordávamos cedo, vestíamos as roupas melhores e íamos à missa, ora na igreja de Nossa Senhora da Guia, na Rua Pedro de Carvalho, ora na matriz Cristo Rei, na Rua Carolina Santos, ambas no Lins de Vaconcelos. Caminhar até uma das duas igrejas era um prazer, mas às vezes pegávamos o bonde 87, Boca do Mato-Meier, e íamos à missa na bela igreja Coração de Maria, do outro lado da estação de trens, o que era um bom programa.

As beatas beneméritas da igreja de Cristo Rei faziam uma ação de ajuda a famílias católicas carentes, forneciam cestas de alimentos. Muito vexada, eu me candidatei ao recebimento dessas cestas. Enquanto necessitamos, nos dias marcados, eu ia buscar os mantimentos, sempre levando um dos filhos.

As crianças, graças a Deus, cresceram com boa saúde. Zezé, desde pequenina, me ajudou nos afazeres da casa e, ainda menina, Nélia também arranjou emprego.

O fruto do nosso trabalho foi dando pro gasto e então achei por bem dispensar a ajuda que recebia da igreja para amparo às famílias necessitadas.

Com organização e planejamento se equacionam todos os problemas. E a nossa vida foi melhorando.

Nunca deixei um filho passar aniversário sem festa. Era bolo com velinhas, canjica de milho branco, pão, mortadela, refrigerantes... e nada de álcool. Todas as festas no morro eram um cachaçal danado. Muitas acabavam em brigas; as nossas não.

Mantínhamos a casa sempre limpa e, na medida do possível, enfeitada, o que era admirado por todos que nos visitavam.

Lembrei agora de um fato coincidente: muitos anos depois do que estava narrando, eu, que não gostava de sair de casa, passei a visitar minha nora, a Cléo, branca, que nós chamamos de Pretinha, porque o prédio em que ela mora é uma residência sempre limpa e arrumadinha, o que me lembrava muito a minha morada na Boca do Mato. A única diferença é que o meu lar era um barraco e o dela tinha quatro andares.

Agora um acontecimento curioso: quando eu fiz noventa anos, a Cléo fez uma festa pra mim no seu condomínio. Sem churrasco e sem cerveja, como era de costume. Ela fez de outra maneira: organizou uma espécie de chá das cinco ou café colonial, com muitos bolos, pães variados, frios de quase todos os tipos, chocolate quente, leite, café, sucos, frutas, sorvetes... Esta sim, uma grande e rica festa, a melhor que tive na vida... E eu fiquei emocionadíssima quando dona Margarida Padre, uma amiga de muitos anos que estivera presente, me confidenciou: *"Teresa, que festa diferente! Me faz lembrar as festividades, bem mais simples, é claro, que você fazia nos aniversários da sua família."*

maneira: organizou uma espécie de chá das cinco ou café colonial, com muitos bolos, pães variados, frios de quase todos os tipos, chocolate quente, leite, café, sucos, frutas, sorvetes... Esta sim, uma grande e rica festa, a melhor que tive na vida... E eu fiquei emocionadíssima quando dona Margarida Padre, uma amiga de muitos anos que estivera presente, me confidenciou: *"Teresa, que festa diferente! Me faz lembrar as festividades, bem mais simples, é claro, que você fazia nos aniversários da sua família."*

Viva a diplomacia!

Quando resolvi dispensar a ajuda da igreja, pensei em falar com o padre de maneira bem diplomática, para não parecer soberba.

Entrar na fila dos carentes, lugar de gente suja e invejosa, era pra mim um incômodo.

Falo assim porque, quando eu chegava com um dos meus filhos asseados, penteados e bem vestidos, em relação aos demais, todos me fitavam com um olhar não muito bom, inclusive as beatas que distribuíam as doações. Todos achavam que, por não andarmos desleixados, não precisávamos da ajuda.

Ao tomar a decisão, me dirigi à igreja e falei com o pároco, o padre Irineu:

— Eu vim aqui agradecer a ajuda recebida por tanto tempo e dizer que, graças a Deus, já estamos numa condição melhor e podemos abrir mão das cestas de alimentos.

— Viva Jesus! É tão raro alguém vir aqui dizer que não necessita mais da ajuda.

— É... Na verdade, ainda precisamos, mas sei que há gente mais necessitada.

— Creio que realmente haja muitas famílias em pior situação e a senhora está me ajudando a resolver um problema. Sempre que temos de tirar as bolsas de uma família para dar a outra, ficamos com um drama de consciência. É uma lei da igreja não vestir um santo desvestindo outro. Se quiser, pode continuar levando as cestas básicas.

– Não, Senhor padre. Fico muito grata, mas, Graças a Deus, já estamos em condições de dispensá-las.

Quase falei para ele que as bolsas ainda eram de grande valia, mas preferia não continuar a recebê-las porque o que eu não gostava mesmo era de ser vista como chefe de família carente.

E não éramos. Trabalhávamos, graças a Deus, e sempre tivemos muita sorte. O Martinho mais ainda. As professoras Ida e Alzira foram fundamentais no desenvolvimento dele. Elas o matricularam na escola pública e, depois de ele terminar o primário, o inscreveram no Senai, um estabelecimento de ensino profissionalizante. Lá ele fez o curso de Laboratorista Auxiliar de Químico Industrial. As aulas eram em dois turnos, manhã e tarde. Portanto, Martinho não podia trabalhar, mas aquelas duas santas senhoras, donas Ida e Alzira, que para ele foram como verdadeiras mães, davam-lhe uma boa mesada, que meu bom filho me repassava e muito ajudava nas despesas de casa.

Graças ao prestígio delas, que tinham amizade com a família do Ministro da Guerra, o Marechal Lott, Martinho foi prestar serviço militar num contingente especial, já destinado ao Laboratório Químico e Farmacêutico do Exército, com a promessa de, logo que desse baixa, ser nomeado funcionário público, graças à sua formação profissional – preparador de óleos, graxas, ceras, perfumes e sabões.

O último ano da década de 1950 e a de 1960, para nós, foi a época das grandes mudanças. O piso de nossa casa, que era de chão batido, foi cimentado, recebeu um vermelhão, e podia até ser encerado. Comprei um ferro elétrico melhor e instalei mais uma lâmpada na casa, a terceira, o que era um grande privilégio.

Martinho, que ia ser funcionário público em repartição militar, desistiu.

Engajou-se, fez o curso de cabo; logo a seguir, o de sargento e foi promovido.

A ascensão significava que estávamos mudando de situação social. Era a subida para a classe média. Como tal, alugamos uma casa na rua Caparaó, 22, mesma rua onde, no número 77, ficava a quadra de ensaios da Escola de Samba Aprendizes da Boca do Mato, no pé do morro.

A diferença entre a casa em que morávamos e aquela para onde mudávamos era tão grande que nenhuma peça do mobiliário de uma foi aproveitada na outra.

Mudamos sem levar mudança, apenas roupas e objetos pessoais. Compramos a nossa primeira televisão e a primeira rádio-vitrola. Elza, separada do Otávio, e tendo me dado o neto, José Darcy, o Zezinho, morava conosco. Zezé, casada com o Gervaci, e já com dois filhos, residia numa dependência nos fundos da nova casa. Deuzina, casada com o Salvador, morava em Caxias, no bairro conhecido como Trezentos e onde ainda hoje mora a Rogéria, que é uma das filhas da Deuzina, casada com Gilberto, o Chuchu.

Vivemos dois ótimos anos na nossa primeira casa de rua, alugada. Depois nos mudamos para uma casa própria no bairro de Pilares, mas antes tivemos de passar alguns meses numa casinha na Rua Saçu, 69, em Quintino Bocaiúva, porque a nova propriedade, comprada com financiamento da Caixa Econômica, era uma cabeça de porco, isto é, uma casa de cômodos com vários moradores que resistiam a sair dela.

Na primeira vez que fui lá, levando alguns dos meus comigo, os habitantes daquele cortiço, já de nossa propriedade, nos receberam de cara amarrada. Logo à nossa chegada, gritaram, quase em coro:

– Só vamos sair daqui com uma boa indenização!

Fiz sinal pro meu pessoal ficar quieto e respondi:

– Nós também somos pobres, não temos dinheiro pra indenizar.

– Quem é pobre não compra casa grande – disse uma locadora. Chegamos a pensar em entrar com uma ação na Justiça para despejá-los, mas eu achei melhor agir de outra forma.

Eram famílias de gente paupérrima que se amontoava nos quartos, dividia um único banheiro e se revezava para fazer comida num mesmo fogão. Preferi ser paciente. Passei a não levar mais ninguém, além do Martinho, recomendado a ficar calado. Lá, semanalmente, chegava sem arrogância e com humildade, pedia licença para ver um cômodo numa semana, noutra um outro e fui cativando-os.

Martinho, com seu sorriso, logo se tornou amigo de toda a gente. Numa das visitas nós nem queríamos entrar, mas alguém logo o chamou para participar de uma cervejada que estava rolando no interior do casarão.

Enquanto eles cervejavam, eu fui ver uma dependência de quarto e sala que havia nos fundos, da qual os moradores já estavam predispostos a sair. Falei para eles que pretendia mudar com parte da minha família para lá e, mesmo sendo a proprietária, perguntei aos demais moradores se eles concordavam.

Este meu gesto sensibilizou-os e alguns prometeram se

apressar em desocupar o imóvel, o que ocorreu em pouco tempo. Depois saiu mais uma família, outra e outra.

Quando recebi as chaves, comemoramos, abrindo uma antiga garrafa de vinho tinto. Ao tilintar dos copos, bradamos:

– Viva a diplomacia!

Pilares

O sonho de toda família que vive de aluguel é ter uma casa própria.

Nós estávamos muito felizes vivendo na casa alugada lá na Caparaó, mas a senhoria pediu o imóvel para moradia de uma filha que ia se casar. Solicitamos uns meses para desocupar a residência e articulamos a compra de uma casa pela Caixa Econômica.

Nesse meio-tempo, aconteceu um imprevisto.

Salvador, marido da Deuzina, era gerente de um restaurante no centro da cidade havia muitos anos. O patrão confiava piamente nele, que fazia o caixa, controlava a entrada e saída de mercadorias, chefiava os demais empregados, mandava e desmandava. Da mesma forma, Salvador também confiava cegamente no patrão, tanto é que nem tinha a carteira assinada.

Esse meu genro não gostava de comprar coisa alguma fiado, mas precisou adquirir uns eletrodomésticos e só tinha condições de comprar no crediário, o que só seria possível se tivesse carteira de trabalho assinada. Então ele pediu ao patrão a devida assinatura, no que foi prontamente atendido.

Meses depois, o restaurante foi vendido. O novo proprietário contratou um outro gerente e colocou Salvador como ajudante de cozinha. A mudança de funções para ele foi muito desagradável, embora permanecesse com a mesma remuneração que recebia antes, maior que o salário mínimo. Salvador não trabalhava feliz e, não demorou muito, foi despedido.

Ninguém gosta de ser despedido, mesmo quando não está satisfeito na empresa. O orgulho de qualquer trabalhador é arranjar uma colocação melhor e pedir demissão de onde trabalha.

O desemprego foi o início de um drama para o meu genro, que saía à procura de emprego como gerente de restaurante, mas não conseguia por não poder provar a experiência que tinha. Tentou ser garçom, mas também não foi bem-sucedido, visto que para tal função, na época, como ainda hoje, raramente empregam negros.

Como diz um samba cantado pela Dona Ivone Lara, *"nego sem emprego fica sem sossego"* e o Salvador foi entrando em pânico. O segundo passo foi ficar deprimido. Ele que era tão alegre e não bebia, para espantar a crise, passou a tomar uns tragos. Em consequência, foi se tornando uma pessoa agitada, irritadiça e um tanto agressiva.

De manhã, saía para procurar ocupação e voltava à noite irritado, depois de beber fiado numa vendinha próxima, e dormia embriagado, muitas vezes sem jantar. Esse é o procedimento de quase todos os chefes de família com problemas de desemprego.

Salvador perdeu o prestígio, o crédito e surtou.

Martinho foi a Caxias visitar a irmã e conhecer o sobrinho Jonílson, recém-nascido; encontrou a irmã em pânico e ficou preocupadíssimo ao deparar-se com um quadro horrível – o cunhado estava em estado de loucura causado por embriaguez. Soube que isso se repetia com frequência e resolveu interná-lo numa clínica psiquiátrica. Internou Salvador e trouxe a irmã Deuzina, com seus oito filhos, para morar conosco na casa alugada da Boca do Mato.

A senhoria, quando soube que levamos tanta gente para morar conosco, ficou irritadíssima. Imaginou que não pretendíamos desocupar o imóvel como prometido e todos os dias ligava, nos pressionando a sair.

Nélia estava noiva, havia muitos anos, de um rapaz chamado Arnaldo Locatel, que morava lá no morro e era funcionário do Banco Português do Brasil. O Ruço, este era o seu apelido, alugara uma casa em Quintino Bocaiúva, no número 69 da rua Saçu, para ir morar com a Nélia, mas, como sempre adiavam o casamento, eles nos emprestaram a morada por uns meses e nos mudamos para lá porque o imóvel que compramos em Pilares ainda estava ocupado. Combinei com a senhoria e deixei toda a nossa mobília empilhada na residência da Boca do Mato, pois na casa de Quintino não cabiam todos os pertences.

Passamos seis meses apertados. Apertados mesmo. Dezoito pessoas numa casa pequenina de dois quartos, sala, cozinha e banheiro – eu com cinco filhos, Zezé com três, Elza com o Zezinho e Deuzina com seus oito. Dormíamos em colchonetes espalhados nos três cômodos.

Vocês podem não acreditar, mas ficamos muito bem no apertado da rua Saçu. Todos os dias apareciam parentes e amigos a nos visitar e vivíamos em festa permanente. A alegria imperava.

Quando soubemos que poderíamos mudar para a casa própria, fizemos uma grande festa em Quintino, que durou uma noite inteira.

No dia seguinte, eu fui ver se o casarão estava realmente livre e me certifiquei de que estava. Parecia um sonho. Sonolenta e feliz levei a prole para fazer um conhecimento do antigo cortiço da rua Heleodora.

Entramos e tivemos de tapar o nariz por causa do mau cheiro. Uma bagunça. Muita sujeira. Deixaram velharias, coisas imprestáveis.

Zezé falou brincando:

— Pela sujeira que deixaram, acho que "essa gente que morava aqui não desfilava na Caprichosos de Pilares. Que nojo!"

Sorrimos.

Nélia não estava simpatizando nem um pouco com o lugar e comentou:

— Nós estamos regredindo. Morávamos ao lado do lado nobre do Meyer e agora estamos vindo para este subúrbio distante. É a vida, minha irmã... De Quintino, subúrbio da Central, para Pilares, zona da Leopoldina, quase Engenho da Rainha – lamentou-se Elza.

— Vocês estão se esquecendo de que já moramos no morro – interveio Deuzina. – Pilares é legal, Nélia. Aqui, na avenida João Ribeiro, tem um bom carnaval, melhor que o da Boca do Mato. E, na quarta-feira de cinzas você pode ir se purificar na igreja de São Benedito, bem ali no Largo.

Dia seguinte, desinfetamos a casa toda com creolina e começamos uma faxina que durou semanas. Depois de uma pintura básica, o antigo cortiço pareceu uma mansão, e nos mudamos.

Chato era o barulho do trem. Estranhamos no início, mas logo nos acostumamos.

Inicialmente a casa estava grande para nós, tanto é que nem ocupávamos o quartinho dos fundos, que emprestamos para o Paulo da Pavuna guardar suas imagens. Paulo era um amigo babalorixá que teve uns problemas com a sua roça.

Quando o Paulo ajeitou a vida, o quartinho foi reparado para a Zezé e seus filhos. Meu genro Gervaci já havia feito a passagem.

Martinho separou-se da Anália e levou os filhos Pinduca, Analimar e Mart'nália para lá.

A casa vivia em festa, principalmente nos fins de ano, a partir do Natal. Acontecia um grande pagode, que começava nas tardes do dia 31 de dezembro, varava a noite e continuava no dia 1º, com a participação de sambistas de todo canto.

Foi lá que o Martinho compôs a Casa de Bamba:

> *Na minha casa todo mundo é bamba*
> *Todo mundo bebe, todo mundo samba*
> *Na minha casa não tem bola pra vizinha*
> *Não se fala do alheio, nem se liga pra Candinha*
> *Na minha casa...*
> *Na minha casa ninguém liga pra intriga*
> *Todo mundo xinga, todo mundo briga*
> *Macumba lá minha casa*
> *Tem galinha preta, azeite de dendê*
> *Mas ladainha lá minha casa*
> *Tem reza bonitinha e canjiquinha pra comer*
> *Se tem alguém aflito*
> *Todo mundo chora, todo mundo sofre*
> *Mas logo reza pra São Benedito*
> *Pra Nossa Senhora e pra Santo Onofre*
> *Mas se tem alguém cantando*
> *Todo mundo canta, todo mundo dança*
> *Todo mundo samba e ninguém se cansa*
> *Pois minha casa é casa de bamba*

Aniversário de Teresa de Jesus em Pilares

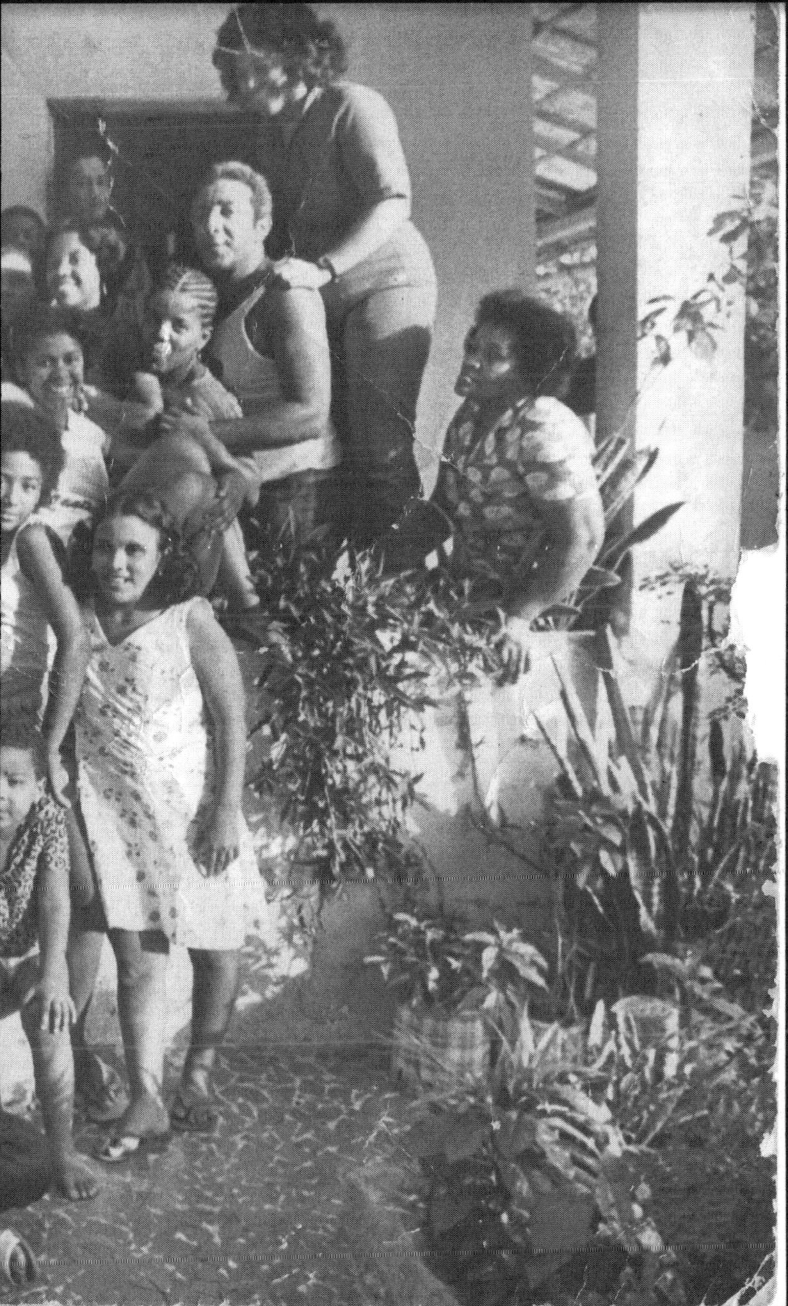

A conquista do Cedro Grande

No início dos anos 60, até mais um pouco que o meado, estávamos em situação difícil e, como era nosso costume, brinquei com o Martinho ao comentar o problema:

— Você está rodeado de caveiras, mas isso vai passar.

— Como é, mãe?

— Estamos endividados e todo credor é uma caveira.

Sorrimos.

— Sempre que dou de cara com um, fico assombrado. Isso dá samba.

Ai, nega, nega, nega
Tão cansado, irritado
Ao sair do meu trabalho
Encontrei com o Caveira
O Caveira, nega, o
Caveira
Empunhando a promissória
Que venceu na quarta-feira
O Caveira, nega, o Caveira,
nega
O Caveira, nega, ô ô ô
Ai, nega, nega, nega, chega
Não me venha com chamego

Que ao sair do emprego
Dei de cara com o Caveira
Qual Caveira, nego, qual Caveira
Todo cara que eu devo
Na minha frente é um caveira
O Caveira, nega, o Caveira, nega
O Caveira, nega, ô ô ô
Nesse meu raciocínio
Quando vence o condomínio
O porteiro é um Caveira
Um Caveira, nega, um Caveira
Aluguel tão atrasado
Fico muito assustado
Senhorio é um Caveira
Um Caveira, nega, um Caveira
Juro por São Benedito
Creio em Nossa Senhora
Que ainda vai chegar o dia
Que ainda vai chegar a hora
Que eu vou ficar tranquilo
Você vai ficar contente
Espantando essas caveiras
Que estão na nossa frente
O Caveira, nega, o Caveira, nega
O Caveira, nega, ô ô ô

Graças a Deus conseguimos espantar a caveira do senhorio, no fim da década, e entramos em 1970 numa boa, sem fantasmas e com o prestígio em alta. Assim eu posso dizer que os anos 60 foram para nós realmente ótimos.

Martinho resolveu trocar a carreira militar pela artística. Foi uma decisão difícil. Alguns colegas, consagrados, o alertavam que toda profissão exercida em palcos é mágica e emocionante, porém instável. Em contrapartida, os nossos amigos esquerdistas diziam que sua música aparentemente simples, falava diretamente ao povo; que ele poderia ter uma brilhante carreira pela frente, e o aconselhavam a se desvincular do militarismo que dominava o Brasil.

Pensei muito quando ele me perguntou:

– Mãe, o que que eu faço?

– Filho, não se deve trocar o certo pelo duvidoso, mas quem não arrisca não petisca. Pede a opinião daquele nosso amigo de São Paulo, o Marcus Pereira.

O empresário foi consultado e falou:

– Pode dar baixa, companheiro, que eu te garanto. Você certamente será um astro da música, vai ganhar prestígio e muito dinheiro. Na pior das hipóteses, pode trabalhar comigo.

O Marcus estava certo. Martinho logo virou uma estrela da música popular com muito sucesso, o que causou uma reviravolta positiva em nossa vida.

Foi noticiado que a maior estrela da música popular da época não era baiano, como se pensava, nem nascido na terra de Noel, mas sim fluminense de Duas Barras e morador do bairro de Pilares.

A imprensa nos assediava, e o bairro e a cidade entraram na mídia. Era a primeira vez que Duas Barras aparecia no noticiário nacional, e houve um rebuliço por lá. Um emissário da Prefeitura nos procurou dizendo que os nossos conterrâneos gostariam de conviver com a nossa família por uns dias, lá no interior.

Ficamos envaidecidos com o convite do Prefeito José Henrique e o aceitamos entusiasmados. Marcamos uma data e, no dia combinado, partimos sorridentes para a *"Cidade-Presépio"*, de onde tinhamos saído havia vinte e seis anos e nunca mais voltado.

Viajamos eufóricos e ansiosos: eu para as matar saudades e as crianças, é assim que eu os vejo, para conhecerem o lugar onde nasceram.

A nossa ida foi um grande acontecimento em Duas Barras, tão imenso que ainda se comenta até os dias de hoje. Fizeram uma enorme festa especialmente para nós. Fomos recebidos com foguetório e banda de música. O prefeito, seu José Henrique, me tratou como se eu fosse a primeira-dama do País.

Como não havia hotel, fomos hospedados em casas mobiliadas especialmente para nos acolher.

Dormimos pouco naquela noite. E teríamos de acordar cedo, pois avisaram que haveria uma missa para nós, em ação de graças.

Assim, ainda sonolentos, fomos despertados às sete horas por uma alvorada, com badaladas de sinos, anunciando a celebração.

Imaginem, que distinção! Uma missa em ação de graças por nós existirmos.

O padre Arthur, depois do ofício, fez questão de nos mostrar todas as dependências da igreja de Nossa Senhora da Conceição, e o Martinho ajoelhou-se aos pés do altar onde fora batizado.

Depois foi a vez de o prefeito nos levar ao cartório onde meu filho foi registrado e sair conosco para dar uma volta na cidade e arredores. Nos levou à casa onde o meu filho saiu da minha barriga, amparado pela comadre Joana, a conceituada parteira, na fazenda Cedro Grande.

O proprietário, Sr. Zezinho Costa, nos recebeu feliz e disse que a fazenda estava sendo desmembrada para divisão entre os herdeiros e que a casa-sede, numa área de dez alqueires, estava à venda.

Incentivado pelo empenho do seu José Henrique e por mim também, tomada pela emoção, Martinho comprou a casa onde nasceu.

Que legal! Rapidamente foi providenciada a escritura.

A conquista do Cedro Grande foi um acontecimento inimaginável para mim, um sonho jamais sonhado.

Fiquei pensando no passado... Eu, grávida, morando na casa de empregados, lá em cima, no meio do cafezal. Lembrei-me do seu Orozino Vermelinger, nosso bom patrão, que, preocupado comigo por não aparentar boa saúde, nos mudou para uma dependência anexa à casa-sede, lugar mais seguro para receber o bem-vindo.

Comadre Joana, que na verdade foi minha mãe de criação, ficou colada comigo por uns dias, esperando para aparar a criança que, ao nascer, herdou o nome do avô paterno – Martinho José Ferreira.

A comadre parteira, depois de fazer as rezas, falou, feliz:

Com a ajuda de Nossa Senhora do Parto, tudo correu bem e algo me diz que este vai ter sorte na vida.

Obrigada, comadre. Que Deus a esteja ouvindo!

– Tenho certeza que está.

O nascimento foi ao amanhecer e passei o dia recebendo visitas. Todos os vizinhos vieram e também gente da cidade.

– Você deve estar exausta de tanto receber parabéns – observou Josué.

– Estou mesmo. Parece que somos família de gente rica. Até aquele seu amigo vereador, que andava sumido, apareceu.

Comadre Joana afirmou que já tinha feito muitos partos, mas nenhum recém-nascido fora tão visitado.

— Este menino vai te dar muita alegria — disse ela. Nasceu numa noite de lua cheia, em pleno carnaval e é do signo de Aquário.

Anos depois, eu estava ali pensando nas premonições da comadre Joana, emocionada e quase sem palavras. Lembrei do Josué com muita saudade.

— Pena o seu pai não estar vivo para ver isto... Imagine... Saímos daqui como empregados e, na volta, viramos proprietários.

— Se a senhora quiser, mãe, pode vir morar aqui. Eu garanto tudo.

— Não. Se o Josué estivesse vivo... talvez.

— Ele não devia ter saído daqui, né, mãe?

— Era o destino. Se ele não tivesse nos levado, não estaríamos voltando agora e o que está sucedendo jamais aconteceria.

— É... O Rio não foi bom pra ele, mas foi bom para todos nós. Era o destino dele nos conduzir, como Josué, o profeta, conduziu o seu povo à terra prometida.

— Você me faz lembrar o teu pai lendo passagens da *Bíblia* pra gente — falei sorrindo. — Por enquanto, acho melhor ficarmos por lá. Vamos fazer disso aqui um local de lazer. Vai ser muito bom para você tirar férias, descansar.

Anos após, Martinho comprou a Fazenda do Pacau, limítrofe, e doou a Cedro Grande para o ICMV, Instituto Cultural Martinho da Vila.

Valdevino e Isabel

Quando houve a debandada de trabalhadores do campo para as grandes cidades, como já foi dito, antes de mudarmos para o Rio, Valdevino Ferreira, único irmão de Josué, foi para São Paulo com a minha irmã Isabel e os filhos, Ademar, Ejaídes, Yolanda, Erundina, Iza e Adalton. Nunca mais tive notícias deles.

Aquela festa que fizeram para nossa família em Duas Barras teve grande ressonância e ecoou na terra da garoa. Foi o gancho para nossos familiares se encontrarem. O sobrinho Ejaídes fez contato, convidou-me para visitá-los em São Paulo e eu fui matar as saudades da parentada antiga e conhecer os mais novos.

Sempre tive a curiosidade de conhecer a terra de Adoniran Barbosa e Paulo Vanzolini, maior cidade do país e uma das maiores do mundo. Só não havia sonhado ir de aeroplano, invento de Santos Dumont, mineiro que no ano do meu nascimento circundou a Torre Eiffel pilotando o 14 Bis.

Meu primeiro e único voo foi uma delícia. As aeromoças, bonitas, eram atenciosas com todos, e especialmente comigo, ou era o que me parecia.

Chegando a São Paulo, fui direto a Vila Santa Maria, e o reencontro com os parentes foi festivo. Só o Ejaídes não foi muito receptivo. Quando eu cheguei, ele estava recebendo uma visita numa dependência nos fundos da casa e veio ter comigo muito depois, mas estranhamente mantendo uma certa distância.

Dia seguinte, quando acordei com o barulho das crianças, disseram-me que o Ejaídes estava desde cedo me esperando na sala. Fui vê-lo e, ao fitar-me, abriu um enorme sorriso, levantou-se apressado e abraçou-me, efusivamente. Aí falou comigo como se não tivéssemos estado juntos na noite anterior. Não entendi nada, também nada perguntei.

Já sabia que infelizmente meu cunhado Valdevino e a irmã Isabel haviam descansado desta vida, cada um a seu tempo.

Conversa vai, conversa vem, pra Duas Barras, pro Rio, pra São Paulo... constatei que a banda paulista da família tinha aumentado muito, o que era óbvio, pois havia passado quase trinta anos de distanciamento e a população brasileira aumenta a cada dia. O sobrinho Ejaídes era o chefe daquele clã que não vou enumerar. Eles tiveram mais dois filhos paulistas, Adalton e Maria Yolanda, que foi registrada em São Paulo quando tinha sete anos de idade, mas era bibarrense. Casou-se com Heitor e teve Heitor Filho, Mauro, Júlio, Antônio Carlos, Roberto e Maria Cecília. Os enlaces e amigações se sucederam, originando para mim muitos netos, bisnetos e trinetos paulistas e paulistanos.

No total, os Ferreira bandeirantes somam mais de uma centena.

Com o meu sobrinho-neto Heitor, filho do Heitor cunhado, fui à casa da cunhada Iolanda. Lá eu soube que o sobrinho Ejaídes tinha o espiritismo como religião, incorporava um caboclo, o Pai Mateus, e era conceituadíssimo na umbanda. Quase não saía de casa, mas tinha um grande sonho – conhecer a cidade do Rio de Janeiro e, se possível, de avião, pois falaram-lhe que uma das visões mais bonitas ocorre quando se chega ao Rio durante o dia, olhando a cidade do alto, pela janela de um avião, e que outra, também fantástica,, ao se voar para São Paulo à noite, porque as luzes daquela cidade proporcionam um espetáculo deslumbrante.

Por falar nisso, aqui vai um caso extraordinário: o Ejaídes era espírita e tinha um grande centro na Rua Lido Picinini, 213, Vila Santa Maria, Freguesia do Ó. Como já se sabe, ele recebia o caboclo Pai Mateus e, quando entrava em transe, conversava normalmente e quase não se transformava. Só as pessoas que o conheciam bem notavam que ele estava tomado. Ao sair do transe, ele não se lembrava de nada que havia falado, por onde tinha andado nem o que tinha feito. Isso explica a sua fria acolhida quando da minha chegada.

Sabedora do seu desejo de chegar ao Rio de avião durante o dia e regressar a São Paulo à noite, falei com o Martinho e mandamos para ele uma passagem, ida e volta, de presente.

Ejaídes ficou muito feliz e comentou comigo ao telefone:
– Que privilégio! Já imaginaram eu, de VARIG, ir visitar meus parentes na cidade maravilhosa?

No dia marcado, fui recebê-lo no aeroporto certa de que ele estaria alegre e discursivo, mas o homem chegou não muito falante. Perguntei, como é de praxe, se ele tinha feito boa vigem e ele desconversou. Suspeitei de que ele fosse portador de alguma notícia má e estava adiando a informação, mas, com o passar dos dias, concluí que não era o caso, visto que falou sobre quase todos os parentes. Seu bom humor só voltou na antevéspera do dia do retorno a São Paulo e eu fiquei achando que ele não havia gostado da nossa acolhida. No dia seguinte ao do regresso, liguei para saber como foi a viagem e ele, irritadíssimo, me falou:

— Tia Teresa, a minha missão na terra é uma cruz muito pesada. O meu centro, aliás, do Pai Mateus, funciona nos fundos da casa onde eu também resido e está sempre lotado. Quase todas as manhãs chega gente me procurando. O pior é que só aparecem pessoas com problemas difíceis.

— É a sua missão, sobrinho.

Eu sei, mas quando o meu espírito largar a matéria eu vou ter uma conversa séria com o Pai Oxalá. Vou dizer a ele que não quero reencarnar Pai de Santo. Poderei ser qualquer coisa na outra vida, menos guia espiritual.

— Por que está dizendo isso?

— Vê se eu não tenho razão, tia. Fui para o aeroporto tão feliz, embora ansioso, e logo que entrei no avião o Pai Mateus me pegou. Não vi mais nada. Ao desembarcar, só notei que estava no Rio porque avistei logo o Pão de Açúcar. Fiquei chateado, muito aborrecido mesmo.

— Que incrível hein, sobrinho?

Incrível e desagradável. Por falar nisso, nem agradeci direito a hospedagem na casa da senhora e tenho de pedir desculpas.

Por Olorum, me perdoe. Devo ter passado a minha chateação para vocês durante o período que aí estive.

— Qual nada! Nos últimos dias você esteve ótimo.

— Pois bem. Caminhei pro Santos Dumont já consolado e feliz.

Entrei no avião e sabe o que me aconteceu? o santo me pegou de novo.

— É mesmo, sobrinho?

— Verdade. Juro pela luz divina. Saltei em Congonhas como se tivesse despertado de um sonho. Fiquei desolado. A família se reuniu para me ouvir, saber como foi a viagem, se gostei, se tive medo... e eu não pude dizer nem como é um avião por dentro.

Eu ri muito e ele disse:

– Não ria, não, tia. Foi horrível.

– Incrível! Fantástico!

Aí ele também sorriu e brincou:

– Incrível, fantástico e extraordinário.

O amigo Beto sem braço

A aquisição da fazendinha Cedro Grande foi um bem que deu alegrias a muita gente. Os familiares, que nas férias ou feriados longos não tinham pra onde ir, fizeram de lá um ponto. Não tínhamos muito tempo e nem sempre íamos para Duas Barras. Nos incomodava manter um imóvel como aquele fechado, só pra nós, e abrimos as portas para os amigos do Martinho. O Cabana, o Gracia do Salgueiro, o Neguinho da Beija-Flor, o Zeca Pagodinho, o Almir Guineto, Manuel do Cavaquinho, o Neuci, o Aldir, o Mailton, pai do Guilherme, o Beto, o Pedro Paulo...

O mais constante era o Beto Sem Braço. Muita gente falava mal dele, mas era boa pessoa e muito inteligente. Gostava bastante de conversar comigo e eu com ele.

Preferíamos ir para a fazenda quando não tinha muita gente por lá. Melhor ainda quando íamos eu e o Martinho, ele conduzindo o carro na estrada e eu ao lado, cantarolando:

> *Ô Irene, Ô Irene*
> *Ô Irene, Ô Irene*
> *Vai buscar o querosene*
> *Pra acender o fogareiro*

> *Eu disse mel, alfavaca*
> *Feitos do manjericão*
> *Arruda e pimenta*
> *Pra dispersar o mau-olhado*
>
> *Meu pai, minha mãe mandou*
> *Meu pai, minha mãe mandou*
> *Meu pai, minha mãe mandou você*
> *Tomar um banho de alecrim cheiroso*
> *De alecrim cheiroso, de alecrim cheiroso*

A Irene, personagem desta música, era neta de dona Maria e seu Mário, o caseiro, que já trabalhava na fazenda Cedro Grande quando a compramos e o mantivemos. Beto ficava horas e horas proseando com o seu Mário.

O autor de *Bum bum Paticumbum Prugurundum* começou a compor sambas em Duas Barras, incentivado pelo Martinho. Um dos primeiros que eles fizeram foi o *Deixa a Fumaça Entrar*, que tem uma sextilha admirável:

> *Já botei casca de alho*
> *Alfazema, benjoim, alecrim*
> *Este meu defumador*
> *Está em ponto de bala*
> *Tem segredos de alguém*
> *Que sofreu lá na senzala*

Me lembro bem deles garimpando palavras no *Aurélio* e buscando outras no *Dicionário de Rimas da Língua Portuguesa* para compor esta música:

Vejam o que esta chuva faz
Que saudade dá
Doce lembrança traz
Amarelou
Vermelhou lilás
Violetou
Esverdeou anil
Sol e chuva, casamento de viúva
O arco de Deus tá colorindo o céu
E os contos da vovó me faz pensar
Na moça que embaixo do mesmo passar
Tão cedo vai se casar
Nem ganhará a louça de porcelana que a vovó
Guardava para presentear
Sol e chuva, casamento de viúva
Ventou, tempestade rolou
Fruta pelo chão caiu
Do cajueiro voou um tiziu
E a molecada se espantou, fugiu
Da moça bela que bravamente se zanga
Derrubaram seu balaio
De cajá e manga
Moça, deixa isso pra lá
Olha a ciranda, eu quero ver
Você cirandar
Pega na mão do menino
Entra na roda pra rodopiar
O pião, saiu da fieira e bambeou
No chão, buscando o seu destino
Pulou na unha do bambino
E ziguezagueou
No eme da mão do menino

Chamaram-me para ouvir a música logo que terminada. O Beto gostava de mostrar as novas criações, e eu me divertia ouvindo-o cantar com sua voz meio rouca, gesticulando e batucando com sua única mão no próprio ombro.

Para puxar conversa, eu brincava com ele:

– Laudenir, teu apelido é errado.

– Como, dona Teresa?

– Deveria de ser Beto Com Um Braço.

Ele ria e me lisonjeava. – A senhora é uma pessoa especial, dona Teresa. Eu discordava afirmando que não era nem um pouco fora do comum.

Sempre fui uma pessoa normal, como qualquer mulher brasileira do povo. Gostava de ouvir música, cuidar da casa, cozinhar, conversar, mas não era muito de dar conselhos. Acho que por isso muitas pessoas gastavam tempo em conversas comigo, principalmente jovens e até crianças.

Conviver com os jovens é a única maneira de se manter jovial.

Fui uma vovó com a qual os netos gostavam de prosear. Alguns me falavam dos flertes, outros das paqueras e uma neta, muito curiosa e namoradeira, que eu não vou identificar, chegou ao ponto de me perguntar quantos namorados eu tive. Respondi que foram muitos os pretendentes, mas, por acaso, fui amada por um único homem, com o qual me casei. Fiquei viúva e não quis mais saber de outro.

Eu era do tipo caseira, não frequentava casa na vizinhança, não gostava de sair à toa. Passear só com algum objetivo, mas não me apressava pra voltar.

Sempre fui católica praticante e parava qualquer coisa ou

pensamento que estivesse tendo às seis da tarde, hora da ave-maria, para me concentrar e fazer minhas orações.

Não sei por quê, mas muita gente, assim como o Beto, dizia que eu era uma mulher especial. Talvez seja resultado da apologia que os meus filhos faziam de mim, principalmente o Martinho, que até fez um samba com o meu nome:

Coração de mãe não se engana
É a voz do povo que fala, emana
É a própria energia que emana
É o perfume que exala
É a caixa e o segredo
O clarão que mais clareia
É a bomba que bombeia
Seu sangue pra minha veia

Foi a mão de Deus
Que lhe lapidou
Para amar seu Filho
Do jeito que for
As suas mãos são moldadas
Pra coser, lavar e passar
A sua boca talhada
Pra cantar canções de ninar
Seu peito, leito, aconchego
Pro cansaço se libertar
Seu colo é um paraíso
Pra se dormir e sonhar

Eu gostava mesmo muito do Beto. Tínhamos intimidade e ele quando queria conversa arranjava um jeito de me provocar. Tem gente que não gosta da senhora, dona Teresa?

— Deve ter, mas quem não gosta de mim não presta.

— A Senhora reza pra quem não presta?

— Eu não. Quem não presta não merece reza.

— Pra que a senhora reza tanto, dona Teresa, se a senhora nem tem pecados?

Eu não rezo pra mim, meu filho. Eu oro é por minha família, pelos amigos, para os governantes... Quando rezamos pelo presidente, estamos orando para o Brasil.

A senhora diz que não sabe ler, mas, com todo o respeito, eu não acredito. Fala um português melhor que o meu e ainda filosofa.

— Eu, filósofa? Você está é delirando, precisando de oração. Vive em confusão por falta de reza. Há muita gente invejosa que bota olho grande em você.

— Tem mesmo, dona Teresa. Imagine a senhora: eu conheço um cara religioso que foi sargento da Polícia do Exército, hoje está reformado e tem uma boa situação. Diz que é meu fã, anda atrás de mim pra lá e pra cá, me elogia muito, mas eu não gosto do jeito que ele me olha. É um olhar meio esquisito. Na semana passada eu perdi a paciência com ele.

— Já lhe falei que a tolerância é uma virtude, mas o que houve?

— Eu estava com uma namorada nova, morena, bonita... e ele, numa roda de amigos falou: — *"Não sei como é que o Beto consegue arranjar uma mulher tão linda! E ainda por cima é jovem. Podia até ser filha dele"*. Todo mundo riu. Aí eu me irritei: *"Cara! Eu não sei por quê, mas mulher feia não gosta de mim. E não tenho culpa se a tua mulher é uma baranga velha. Sai de mim, olhudo!"* Faltou pouco pra gente brigar. Se não fosse a *"turma do deixa- disso..."*

Eu quase me acabei de rir. Ainda sorrindo falei: —Você não precisava ser agressivo, bastava ser irônico. Se fosse comigo, eu explicaria pra ele, com calma, que se não existissem os olhudos o mundo não precisaria de exército, de polícia e nem de religião.

— É mesmo, dona Teresa?

— Verdade, pode crer. Se não fosse o chamado *"olho-grande"*, nenhum país iria querer invadir o outro, e então não haveria exércitos; se todo mundo fosse honesto, não se precisava de polícia, cuja função é prender para o castigo na Terra, e se todo mundo fosse compreensivo, tolerante e sem avareza, não haveria necessidade de religião. Tem muita gente que não rouba porque tem polícia e também muitos não cometem pecado mortal só por medo do inferno.

Laudenir, numas vezes, ficava quieto, me ouvindo e noutras eu também.

Gostava de ouvir as opiniões dele sobre a doença do consumismo e o mal do desperdício. Dizia que o maior pecado de quem tem dinheiro é gastar à toa, em vez de ajudar a quem precisa, e que até pobre joga dinheiro fora. Falava que quem ganha salário mínimo, bebe e fuma todo dia é burro.

— Um traguinho lá e o golezinho acolá, tudo bem, né, Beto?

— Sim. Outra coisa é o fumo. O dinheiro queimado num mês com cigarro por um pobre dava pra ele comprar roupa nova e andar melhor.

Chega mais pra cá, que eu vou falar baixinho pra ninguém ouvir. Pior é quem cheira e fuma maconha. Homem que usa droga acaba perdendo aquelas vontades.

Risos.

— É verdade, dona Teresa. Deveria ter propaganda frisando isso.

— Por falar em propaganda, ela leva uma pessoa a comprar o que não necessita. É uma arma perigosa. Quando se vê o anúncio de um produto que enche os olhos, deve se questionar: *Eu preciso disso? É realmente útil? Se tiver utilidade mas não necessitar muito, não se deve comprar.*

– Quem sai procurando coisas para comprar, sem saber o que quer, é doente. O consumismo é tão grave quanto o desperdício.

– Não se deve botar no prato mais do que se pode comer, porque jogar comida fora é pecado cabeludo e quem desperdiça água, luz e energia está pecando contra o mundo do futuro.

O nosso diálogo não foi bem assim como eu narrei, mas as nossas conversas eram desse jeito.

Cariocas Bibarrenses

Eu sou bibarrense verdadeira e poderia dizer também que sou monerense, porque as propriedades que temos em Duas Barras ficava na abrangência do distrito de Monerá. Não consigo dizer que sou carioca, mas meus filhos foram se cariocando e, a partir de 1970, passaram a falar que são bibarrense-cariocas.

Eu amo a Cidade do Rio de Janeiro e não quis voltar para o interior, mas gostava muito de ir para a roça, principalmente com o Martinho. Nos divertíamos na viagem, parando aqui e acolá, e conversávamos muito. Ele era meio fechado, economizava palavras ao comentar qualquer assunto, mas se abria comigo.

Além de filho ele era compadre. Sou madrinha da Analimar e ele gostava de me chamar de comadre sempre que queria puxar uma conversa mais íntima:

– Oi, comadre! Como vai?

– Estou bem, com a graça divina, mas vou ficar melhor se você estiver trazendo boas novidades. Deus te abençoe.

– Desculpe. Esqueci os bons modos. E a senhora vai ficar como está porque não trago nada de novo.

– Nem dinheiro novo? Eu ouvi dizer que saíram umas notas novas e mais valiosas.

— Saíram sim, mas eu ainda não vi nem as cores. Acho até que vou pegar algum emprestado com a senhora.

— Graças a Deus, eu sempre tenho um qualquer jogado num canto. Não é muito, mas posso te dar. Emprestar não.

Meu filho sempre deixava dinheiro comigo e só nós dois sabíamos onde eu guardava. Eu poderia gastar como quisesse, mas sempre reservava uma parte para as emergências dele. Quando ele estava precisando, eu sabia pelo jeito de ele chegar. Também sabia quando queria falar em particular.

— Estou sentindo que você tá querendo mexer na reserva.

— Não, não estou duro.

— Então tem alguma coisa a me dizer.

— Tenho não.

— Pelo que eu conheço, acho que tem sim. Tomara que seja problema de dinheiro, isto é, tanto dinheiro que não sabe o que fazer com ele.

Não respondeu, só sorriu. E eu emendei:

— Já sei. É problema de trabalho, muito trabalho. Isso não é mau, é bom.

— Ruim é não ter o que fazer.

— Nada disso, comadre.

— Diz logo o que é. Desembucha.

— Mãe! A senhora vai ter mais um neto.

— É? E quem vai criar?

— A genitora.

— Como!? Não estou entendendo.

— Eu conheci uma moça lá de Vila Isabel e gostei dela. Começamos a namorar e ela me levou para conhecer a família. Um mês depois, apareceram os sintomas da gravidez. Foi uma grande confusão. Então Anália, este é o nome dela, me pediu para ir vê-la e me disse que quando nos conhecemos havia recentemente desfeito um noivado, mas que não teve relações sexuais com o noivo e não entendia o que estava acontecendo. A impressão que eu tinha é que ela ainda era moça e, mesmo já barriguidinha, disse que estava confusa, mas achava que era virgem, o que foi confirmado pelo médico da família. Será que isso é possível?

— Ih!... Sei não. Já ouvi falar disso, mas não acredito. Se você não fez mal à moça, sai fora dessa. Manda ela se reconciliar com o ex-noivo.

— Já conversamos. Ela não quer isso de jeito nenhum. Prefere ser mãe solteira.

— E o rapaz, você o conhece?

— Sim. Quando tomei essa decisão, fui ter com ele. Também não quer saber dela e não acredita na paternidade. É funcionário público. Trabalha num órgão da Imprensa Oficial. Não me deu nem muita conversa. Disse que eu posso ficar com ela e com o problema dela, palavras dele. Então resolvi registrá-lo. Agora ele é meu filho.

— Bem... Seja feita a sua vontade e o que Deus quiser. Se ela deixar, pode trazer a criança que eu crio.

— Não. Não é preciso. Anália é órfã de pai, mas tem um tio que faz a vez. A mãe dela, dona Wanda, só quer que a criança tenha um registro com nome de pai. Caso contrário, vai forçar a filha a abortar a criança.

Martinho já estava mesmo decidido. Tinha um samba na cabeça e cantou para Anália:

Está em você
O que o amor gerou

> *Ele vai nascer,*
> *e há de ser sem dor*
> *Ah! Eu hei de ver*
> *Você ninar e ele dormir*
> *Hei de vê-lo andar*
> *Falar, sorrir*
> *Ah! Eu hei de ver*
> *Você ninar e ele dormir*
> *Hei de vê-lo andar*
> *Falar, cantar, sorrir*
> *E então quando ele crescer*
> *Vai ter que ser homem de*
> *bem Vou ensiná-lo a viver*
> *Onde ninguém é de ninguém*
> *Vai ter que amar a liberdade*
> *Só vai cantar em Tom Maior*
> *Vai ter a felicidade de*
> *Ver um Brasil melhor*

Ele me disse, muito reservadamente, que, ao comunicar que iria registrar o menino, dona Wanda lacrimejou de felicidade e Análía, sorridente:

– Posso fazer um pedido?

– Claro! Respondi curioso.

– Posso escolher o nome?

– Pode, ainda não pensei em nenhum.

– Martinho Antônio. Sonhei com isso no dia em que fomos a uma festa junina naquela igrejinha que fica lá no alto do morro.

E o menino foi registrado Martinho Antônio Mendonça Ferreira.

Martinho Antônio casou-se com Janaína e nasceu a

bisnetinha Inaê. Separou-se, teve um caso e nasceu o meu bisneto Victor.

Depois disso, veio Analimar, minha afilhada neta, que na adolescência foi motivo de um samba:

Ô, filhinha
Se entrega ao estudo e se guia
Minha filha
Estuda, trabalha, se casa e procria
Oi, filhinha, oi filhinha
Oi filhinha, oi, filhinha
Já não é mais um problema
Uma experiência pré-nupcial
A auto-subsistência antes do casamento
É que é fundamental

Seja sempre feminina
E jamais submissa, isto é,
Sem nunca se esquecer, menina
Que homem é homem
E mulher é mulher
Se algum dia o divórcio chegar
Não vais ter problemas
Pra se adaptar
Nem vais viver de pensão de marido
E os teus filhos vão te admirar
A liberdade é um sonho
De quem permitiu se aprisionar

Analimar seguiu o conselho musicado à risca. Casou-se com o Paulo Roberto Ventapane e me deu três bisnetos – Raoni, Dandara e Guido.

Dandara, maridada com Donato, me deu o bisneto Dante.

A comadre Anália Mendonça foi uma cantora brilhante que não chegou a se profissionalizar, mas nos deu a Mart´nália, que não herdou a voz possante da mãe, porém é uma grande estrela da música. Esta, sempre que me visitava ou telefonava, antes de pedir a bênção, exclamava sorridente como o pai:

— Fala, Vó Teresa!

— Eu respondia no mesmo tom:

— Fala, Mart'nália!

Daí a letra:

>Mart'nália
>Diga pro Raoni
>Que o redondo mundo não é
>Só uma bola
>Que Maíra
>É tupi-guarani
>Uma casa branca também
>Oca Cari
>Ao mesmo sol
>Sampa e Gerais
>Somos vizinhos do Espírito Santo
>Omulu nos protege
>Mas o padroeiro é São Sebastião
>Ó minhas criancinhas
>
>Vamos à praia
>Depois brincar no parque
>Comer chocolate e beber guaraná
>Ou então ir à Quinta
>Atirar pipoca aos macacos

A minha caçulinha
É tia do neto Raoni
E a Dandara netinha
Me deixa tão bobo
Ao vê-la sorrir

Elza das Dores Ferreira Santana

Elza das Dores Ferreira Santana

Elza, a filha número um, como se autoafirmava, foi para mim um anjo da guarda. Ajudou-me muito na criação dos outros filhos, e na roça me auxiliava na lida com os animais – galinhas, porcos, cachorro. Quando eu ia ajudar o Josué na lavoura, ela ficava em casa com os irmãos menores.

Tinha quatorze anos quando viemos de mala e cuia para o Rio e ainda adolescente arranjou emprego para ajudar nas despesas caseiras.

Casou-se com Otávio aos 24 anos, teve uma filha que não vingou. Em pouco tempo de união separaram-se depois de muitas brigas desnecessárias.

Sempre foi muito caseira e, como mulher separada, quase não saía de casa. Quando o fazia, era em companhia da irmã Deuzina ou de algum parente. De repente mudou de comportamento. Todo fim de semana ela saía dizendo ir ao cinema, e não queria levar ninguém com ela. Voltou a usar batom, a vestir- se melhor, enfeitar-se. Eu desconfiei logo e falei comigo mesma, como era de hábito:

– Aposto que a Elza já arranjou algum cambalacho. Tomara que seja um homem de bem, desimpedido e bem-intencionado. A maioria dos homens, principalmente os mais jovens, prefere as descasadas, mas é só para se aproveitar.

As minhas desconfianças foram aumentando à medida que ela, a cada saída de fim de semana, retornava mais tarde. Um dia ela se atrasou tanto que eu me preocupei e fiquei embaixo do pé de carambola esperando-a até que ela apareceu acompanhada de um homem que eu achava não conhecer.

Na semana seguinte, ela saiu toda enfeitada e voltou com ele novamente. Ficaram muito tempo namorando embaixo da caramboleira, o que eu não gostava que minhas filhas fizessem, e então chamei-a e ela entrou com ele. Para minha surpresa, adivinhem, era o ex-marido. A partir daquele dia, eles passaram a namorar oficialmente dentro de casa. Não demorou muito e ele me pediu a mão dela em casamento.

— Vocês já são casados; é só refazer o domicílio.

— Não, dona Teresa, perante a Deus nós somos solteiros. Não nos casamos na igreja. Foi divertido.

Eu gostava muito do Otávio, este era o seu nome, porque se trajava bem, quase sempre de terno, era um bonito homem alto, educado, não muito brincalhão, mas gostava de dançar de palhaço em folias de Reis.

O novo casamento com o mesmo marido se realizou na igreja de Cristo Rei, numa cerimônia particular em dia de semana, no altar de Nossa Senhora de Fátima, e houve uma pequena reunião festiva familiar.

Do enlace nasceu o Zezinho, José Darcy Santana, que se amasiou com a Edna, tiveram a Adriana, mãe de Rafael e Mateus. Separou-se e casou-se com Amélia, me dando um bisneto, o André Luiz.

O nome completo do ex-bimarido da Elza era Otávio

Santana Filho. Digo ex porque ela ficou viúva, mas nem sentiu muito porque já haviam se separado novamente.

Elza cuidou de mim como um arcanjo até terminar o meu tempo. Depois de passar uns tempos em Jacarepaguá, dando trabalho à filha Deuzina, eu fui morar com a Elza, com quem vivi feliz meus últimos anos.

Deusina de Jesus Ferreira da Silva (1934-1999)

Deuzina de Jesus Ferreira da Silva

Esta minha filha não viveu a vida intensamente. Casou-se cedo com Salvador da Silva e foi morar no bairro Trezentos, em Duque de Caxias e enviuvou aos 45 anos, ficando com oito filhos:

1. Joni, casado com Rita, me deu dois bisnetos: Igor e Diana.
2. Terezinha é mãe da Luanda e do Rafael, a menina com o Marquinho e o rapaz com outro Gilberto.
3. Jovane, casado com Jeorgina, me deu o Matheus e o Hugo.
4. Josué, o Zeca, foi pai da Raquel com a Beth e ainda ganhei a bisneta Ariane
5. Glorinha teve três filhos com o Fernando – Leo, Fernandinho e Gabrielle.
6. Rogéria teve o Rogério e a Letícia com o marido Gilberto.
7. Angélica, considerada a primeira da família a entrar para uma Universidade, vive maritalmente com o Paulo e afiliou a linda Renata.
8. Carminha, que, com o Aldir, teve a Adélia e o Alexandre.

Joni e Rogéria já descansaram.
É uma graça divina toda a minha família ser de gente do bem, sem marginais. Nunca tivemos de visitar um parente em presídio. Em minhas orações, sempre agradecia a Deus por isso.

Em 1999, ela vivia muito adoentada. Os filhos, netos e bisnetos choraram muito quando esta minha filha fez a passagem naquele ano, mas ninguém ficou em estado de choque porque o desenlace já era esperado.

A vida é feita de mais alegrias que tristezas, porém as dores marcam mais. Nascer e morrer faz parte da existência; entretanto, a alegria de um nascimento não compensa a dor de um desaparecimento.

A maior tristeza da vida dela foi perder o Joni, seu filho caçula, um belo rapaz de 22 anos. Este sim, um fenecimento chocante. Só a religiosidade confortou a minha filha e também a mim.

Deuzina dizia que se deve rezar mais quando nasce alguém do que quando morre, pois neste caso tudo já está consumado e só nos resta pedir a Deus que tenha pena da alma da pessoa falecida, enquanto que no nascimento tem-se de orar pra que a criança vingue, seja perfeita, tenha cabeça boa, seja de bom caráter e tenha um destino venturoso.

Quando visitava um recém-nascido, ela dizia: *"Que o mundo seja bom para ele e que ele seja bom para o mundo"*.

Apesar dos pesares, Deuzina foi uma pessoa feliz. Dizia que não se deve dividir as tristezas com ninguém, só as alegrias.

Creio que a sua maior felicidade foi quando ganhou de presente uma casa própria, novinha e ainda cheirando a tinta, que o irmão mandou construir para ela, num terreno no bairro de Curicica, em Jacarepaguá.

Minha Deusa, como eu a chamava, era um ser do bem e tinha o dom da palavra, principalmente quando era necessário consolar alguém, confortar.

Sempre que ia à missa na igreja de Nossa Senhora da Saúde,

próxima da sua casa, o Padre Carlinhos a convidava para ler o sermão e dizer algumas palavras aos fiéis. Lembro-me bem de uma de suas últimas palestras, quando ela concluiu, dizendo:

> *"Viver bem é difícil, mas é possível se formos pacientes e tolerantes. Conviver, seja com a família ou com a vizinhança, é complicado, mas não é impossível, se agirmos com calma. O objetivo deve ser sempre descomplicar e para isso é necessário ter em mente facilitar tudo que for possível, e não dificultar nunca. Assim se vive melhor e causa-se felicidade ao próximo."*

O Padre Carlinhos falava de improviso e o seu discurso visava sempre ao bem-estar geral, à paz, à convivência.

Na missa de sétimo dia do falecimento do filho, o pároco, calculando que Deuzina estaria sem condições emocionais, não a chamou para a leitura do sermão. Ao finalizar, franqueou a palavra a algum parente que desejasse expressar os seus sentimentos e, para surpresa do padre e de todos, Deuzina levantou-se e dirigiu-se ao púlpito. Começou a falar com a voz trêmula, foi ficando segura, doce... e fez um sermão comovente, lindo.

Os parentes, que já choramingavam durante a missa, choraram cachoeiras, porém não um choro doído, mas um choro bom, quase de felicidade. Eu desabei em lágrimas, só que eram lágrimas de orgulho por ter trazido ao mundo uma pessoa iluminada com ela.

Creio que, quando reencarnar, Deuzina não vai voltar gente. Com certeza ela será uma árvore frondosa e frutífera.

Martinho, sargento burocrata do exército

Martinho José Ferreira

Meu único filho é protegido por Oxalá. Seu Exu é o Sete Encruzilhadas; Omulu, Ogum e Iemanjá são seus orixás assentados, mas ele é católico praticante. Na família há umbandistas, candomblecistas, protestantes, messiânicos... Todos convivem harmoniosamente.

Aquariano de fevereiro, 12, Martinho é do signo de tigre no horóscopo chinês.

No dia em que ele nasceu, a fazendinha Cedro Grande ficou cheia de visitas – lavradores, fazendeiros, gente da prefeitura, um vereador e até o padre foi vê-lo no seu primeiro dia de luz.

Feliz, eu comentei:

– Josué tem muito prestígio, não é, comadre Joana? É difícil até dizer quanta gente veio ver o menino.

– Nunca se viu um povaréu desses prestigiar o nascimento de um filho de pobre. Que o compadre é querido, isso lá é verdade, mas, como já disse, o que está brilhando é a estrela do *"bem-vindo"*, que vai ser pessoa de muita sorte. Sinto que a energia dessa gente que vem vê-lo é muito forte, positiva. Um passarinho me diz que ele vai ser alguém na vida – disse com outras palavras.

As premonições de dona Joana, comadre e mãe de criação,

estavam certas. Martinho nasceu predestinado a ser uma pessoa notável, como já se sabe.

Na Boca do Mato, quando ainda menino, liderava os coleguinhas nas brincadeiras infantis.

Foi aluno destacado em todos os estabelecimentos onde estudou – Escola Pública Rio Grande do Sul, Senai (onde se profissionalizou como Auxiliar de Químico Industrial), Academia de Comércio Cândido Mendes e Escola de Instrução Especializada do Exército. Hoje é Dr. *Honoris Causa* em Letras, título outorgado pela Universidade Federal do Rio de Janeiro.

Com apenas 18 anos fez um samba-enredo sobre a vida do compositor Carlos Gomes, que a Escola de Samba Aprendizes da Boca do Mato cantou num belo desfile.

> *Viemos contar a história*
> *De um maestro cheio de glória*
> *Carlo Gomes*
> *O nome do Brasil elevou*
> *Nasceu na cidade de Campinas*
>
> *Aluno do seu genitor*
> *Regente de orquestras e grande compositor*
> *Partiu para a Europa*
> *Com apoio de Pedro II*
> *Empolgou no estrangeiro*
> *Tornando-se famoso em todo mundo*
> *Noite de Castela, O Escravo e O Guarani*
> *Sinfonias belas, as mais lindas que ouvi*

Ainda menino, fazia trovas e as moçoilas pediam que ele lhes escrevessem acrósticos com os seus nomes.

Naturalmente ele flertou com muitas, mas nunca teve um namoro único, firme, do tipo oficial, na casa do pai da moça. A exceção foi Anália Mendonça, com quem manteve uma convivência moderna, cada um na sua casa. Dizia que jamais iria casar-se porque era contra a instituição do casamento. Aí conheceu a Ruça, Lícia Maria Maciel Caniné, filha de um oficial médico do Exército, apresentada pelos irmãos dela, César e José Maurício, que eram seus amigos, e com esta foi diferente. O sargento Ferreira passou a namorar oficialmente a filha do General Caniné.

Alugou um apartamento na Rua Visconde de Itamarati, entre a Tijuca e Vila Isabel, mobiliou, apresentou-se pro General, bateu continência e levou a bela filha dele.

O mulato e a loura viveram maritalmente por muitos anos e tiveram dois filhos – Juliana Caniné Ferreira e Antônio João e Pedro Caniné Ferreira, o Tunico da Vila. No dia em que este nasceu, o pai fez um samba dolente:

> *Na meia hora de Santo Antônio*
> *Há um quarto da lua cheia surgiu*
> *O Antonico*
> *Tão bonito o Antonico*
> *Um cigarro apagou*
> *Uma luz acendeu azul*
> *É homem*
> *É o Antonico, é tão bonito*
> *É tão bonito o Antonico*
> *É tão bonito*
> *É o Pedro, Pedrinho*
> *João, Joãozinho*
> *O Tonho, Tonho*
> *É o Antoninho*

Tão bonito o Antonico
Anda, Antonico
Mama, Antonico
Não chora, Antonico
Dorme, Antonico
Acorda, Antonico
Desperta
Que é tão bonito o dia nascendo
É tão bonito, é tão bonito
O vermelho da tarde lá no céu
É tão bonito
Jangada chegando lá do mar
É tão bonito
Fogueira queimando
É tão bonito, é tão bonito
E a Katia sambando
E tão bonito, ô,
Antonico
É tão bonito
É tão bonito
É tão bonito

Tunico casou-se com Ana Lúcia e fez com ela filhos em tempo recorde, três em dois anos e meio de casamento: Lara, Leonardo e Luah.

A irmã dele, Juliana, que gostava quando eu a chamava de *"minha princesa"*, ficou menstruada aos doze anos. Ninguém havia falado com ela sobre as regras mensais e ela não estava preparada para isso. Foi um espanto. O fato serviu de inspiração para a música *Salgueiro na Avenida*.

Oitenta e dois, dezembro, dezessete
Pela vez terceira a história se repete

Desta vez com a Juca
A Juju, Juquinha
Minha Juliana ficando mocinha
É um corre, corre
É um pula, pula
É o Salgueiro que pintou na avenida
Mas que bonito
Ela já ovula...
Daqui pra frente
Marcas no papel
Todo o mês Salgueiro
Todo o mês São Carlos
Todo o mês Unidos de Padre Miguel
Até que um dia não haja desfile
Um sinal de vida
Netinha ou netinho
Pro papai Martinho
Pra mamãe Rucinha
Pela vez terceira a história se repete
Oitenta e dois, dezembro, dezessete

A Juju Juquinha, boa vocalista e cantora, casou-se com Erik Marcos Cardoso, militar da Marinha, e me deu um bisneto batizado com o nome do bisavô – Josué. Teve também a netinha Maria Clara.

Um dia Martinho foi dormir lá em casa, Estávamos em altas horas conversando, como de costume, quando ele me surpreendeu:

– Mãe, a senhora tem mais uma neta. Já até registrei: Maíra Freitas Ferreira.

Ele pensou que eu iria desmaiar com a notícia e eu é que o surpreendi:

– Que nome bonito, de onde você tirou?

– Foi de um livro do Prof. Darcy Ribeiro.

Dois anos depois, a Escola de Samba Unidos de Vila Isabel desfilou com este samba sem rimas:

> A Vila Isabel
> Incorporada de Maíra
> Se transforma em Deus supremo
> Dos povos de raiz
> Da terra kaapó
> O Deus morava nas montanhas
> E fez filhos do chão
> Mas só deu vida para um
> No templo de Maíra, sete deusas de pedra
> Mas vida só pra uma
> Destinada a Arapiá
> Querubim Tapixi guardava a deusa para ele
> Que sonhava conhecer a natureza
> Então ele fugiu
> Da serra
> Buscando emoções
> E se encontrou com a mãe dos
> Peixes, Numiá
> Por ela Arapiá sentiu paixão
> E quatro filhos Numiá gerou
> Verão, calor e luz
> Outono, muita fartura
> Inverno, beleza fria
> Primavera, cores e flores
> Para enfeitar o paraíso
> Mas eclodiu a luta entre os dois amantes
> Pelo poder universal
> Vovó Maíra interferiu na luta
> E atirou os dois pro ar
> Pra lá no céu jamais poderem se envolver

> *Arapiá, Guaraci bola de fogo*
> *E Numiá é Jaci bola de prata*
> *E fez dos quatro netos governantes magistrais*
> *Surgindo assim as estações do ano*

Maíra casou-se com Mário Rocha, me deram a bisnetinha Zambi e virá Zezé, que não será apelido. Terá este nome em homenagem a sua saudosa tia Maria José, sendo menina ou menino.

Quando fui informada do nascimento da Maíra, eu não me surpreendi porque já havia ouvido o zunzunzum. Perguntei:

– E a Ruça, filho?

– A gente já faz um bom tempo que está mais pra lá que pra cá. Qualquer hora dessas a gente se separa.

Eu já andava desconfiada. Era costume, volta e meia, ele dormir lá em casa, mas passou a pernoitar com frequência, às vezes por mais de uma noite seguida.

Observei também que nós viajávamos muito pra Duas Barras e a Ruça nunca ia. Na volta, muitas vezes, quando tinha alguém dirigindo, ficava em Laranjeiras, onde vivia a Rita Freitas, mãe da neta Maíra, para quem depois comprou um apartamento no mesmo bairro.

Maíra é pianista de formação clássica e tem uma bela voz.

Teresa de Jesus e Cléo

Maré Mansa

Martinho navegava numa boa no meio da sua confusão passional e um dia conheci uma outra de suas namoradas, o que me preocupou muito porque esta, Clediomar, a Cléo, era ainda uma menina, com seus recentes 16 anos. Martinho já tinha 48 carnavais e seis filhos.

Ao conhecê-la, ela me disse que havia perguntado a ele.

– Você é casado?

– Oficialmente não.

– Então você é um solteirão, o que é muito feio. Quer casar comigo?

Ele desconversou e continuaram o namoro. Volta e meia ela voltava ao assunto.

Com 17 anos Cléo brigou com a mãe, Cledi, arrumou as malas e foi morar provisoriamente na casa de uma tia, Oriza, onde o enamorado passou a encontrar-se com ela. Mas, não se sentindo à vontade, Martinho alugou uma quitinete para a Cléo no Leblon. Passados dois anos ele transferiu-a para um apartamento mais amplo no Humaitá.

Ruça foi muito importante na vida do meu filho. Acho até que ele não teve problemas no período da ditadura porque o pai dela era o conceituado General Caniné, médico / paraquedista, mas o relacionamento deles já estava desgastado e veio o rompimento definitivo. Desentendeu-se também com a Rita e foi morar sozinho num flat na Barra da Tijuca. Cléo queria casamento e ele não.

Na virada do ano de 1992, foi organizado um *réveillon* no condomínio de apartamentos onde morava, reunindo na ocasião muitos parentes, inclusive eu. Cléo apareceu um pouco antes da meia-noite, linda, de blusa e shortinho brancos, e ele ficou muito feliz. A impressão que eu tive quando ela chegou foi que a Cléo, com seu jeitinho angelical, era um querubim que se transformaria, passando a ser como um anjo da guarda para o meu filho.

O último dia de qualquer dos anos para mim, além da confraternização e dos fogos, sempre foi um dia de orações, meditação e sonhos. Martinho e Cléo estavam tão enamorados que eu sonhei com eles casadinhos.

Ela andou trilhando por outros caminhos, ele também, mas Deus me ouviu e naquele dia festivo eles finalmente se acertaram e meses depois apareceram de alianças na mão direita. Nem eu nem a mãe dela estávamos presentes, mas houve cerimônia de noivado.

No ano seguinte, 1993, eles se casaram oficialmente, num ato particular realizado na mesa de cozinha da Fazendinha Cedro Grande, com certidão firmada pelo escrivão na presença somente do Robinho Calvo do cartório e tendo dona Maria e Seu Mário, os caseiros, por testemunha. Era 13 de maio, dia em que se comemora a Abolição da escravatura no Brasil, dia de Nossa Senhora de Fátima para os católicos e de Preto Velho para os umbandistas.

No dia em que se comemorava a Coroação de Nossa Senhora, 31 do mesmo mês, foi realizada a cerimônia religiosa na fazenda do Pacau, também de nossa propriedade, oficiada pelo padre Miguel. Foi uma cerimônia bonita e inesquecível, ao som do cavaquinho do Mané do Cavaco e da gaita do Rildo Hora, havendo em seguida uma grande festa, com gente do Rio, de Duas Barras e de Florianópolis, onde moravam os pais dela – João Omar Fontela Liscano e Ambelina Cledi Guerra Correa. Cléo é gaúcha de São Borja e, para manter a tradição, teve churrasco autêntico feito pelos pais e tios dela, vindos do Sul.

Nossas famílias ficaram felizes e eu mais ainda.

Daquele dia em diante, Martinho se transformou. Abandonou a vida boêmia, passou a beber socialmente e, creiam, ficou mais bonito e com aparência mais jovem que qualquer pessoa da sua idade.

Eu acredito piamente que a Cléo foi um anjo que Deus mandou para cuidar do meu filho, pai do Preto e da Alegria Liscano Ferreira.

Um fato curioso: Alegria, como diz o pai, deverá ser mesmo a alegria da família, pois, quando o seu nome foi anunciado, todos sorrimos. No ano em que ela nasceu, Martinho gravou um CD denominado *O Pai da Alegria*, dedicado a ela e, no CD *De Bem Com a Vida* há um samba com o nome dela.

> Alegria! Alegria! Alegria!
> Eu tenho uma Alegria particular
> Fofinha, sensível, acridocinha
> Já está bem crescidinha
> Tem sonhos de menininha, mas vai ser grande mulher
> Se Deus quiser
> Se Deus quiser
> E Deus quer
> E Deus quer
> Estarei com ela pro que der e vier,
> onde estiver, seja noite ou seja dia
> Pois mesmo quando velhinha

> *será sempre a caçulinha*
> *Por isso é que eu canto pra ela*
> *Alegria! Alegria! Alegria!*
> *Sem alegria não há felicidade*
> *Quem tem alegria deve socializar a alacridade, pois, satisfação coletiva tem mais enlevo*
> *É bom dividir boas venturas com parentes, amigos e os que estiverem à volta*
> *Quem sorri, comemora e canta com vontade*
> *atrai a sorte do trevo*
> *de quatro folhas*
> *Vamos cantar minha gente!*
> *Alegria! Alegria! Alegria!*
> *O nome dela é Alegria*

Alegria! Sem alegria não há alacridade, pois satisfação coletiva tem mais enlevo. É bom dividir boas venturas com parentes, amigos e os que estiverem à volta.

Todos aprovamos o alegre nome. Entretanto, quando foi definido o nome do seu irmão, Preto Liscano Ferreira, quase todos nós, família de pretos, não gostamos. Ele se justificou, dizendo que o nome era em homenagem à mãe, Clediomar, desde menina apelidada de Pretinha, mas continuou a nossa resistência. Em contrapartida, na família dela até os avós maternos, Etelvina e Jerônimo, loiríssimos e de olhos azuis, aprovaram a graça. Eu mesma só passei a gostar do nome quando ouvi o samba que o Martinho fez:

> *Meu compadre*
> *O Pretinho tá nadando*
> *Na barriga da comadre*

Quando a bolsa se romper
Vai sair esperneando
Chorando, fazendo careta
Mas seu choro é pra dizer
Que a gente tem que comer
E o seu primeiro prazer
Mamar na teta

Quando o Preto crescer
Que será que ele vai ser?
Será que ele vai ser ator
Ou atleta?
Depois de aprender a andar
Vai ter muito que estudar
E o nosso Preto menino

É quem vai saber fazer
E escolher
Seu destino, sua via
Êh, lua cheia
Êh, estrela guia
Poderá ser professor
Maestro, compositor
Diplomata, senador
Obstetra, sacerdote
Jornalista, dentista
Talvez psicanalista
Ou um belo ritmista
É o que me pronuncia
Sua estrela alvissareira
Foi gerado com amor
Tem no nome a bela cor
Preto Liscano Ferreira

Foi gerado com amor
Tem no nome a bela cor
Preto Liscano Ferreira
Lua, luar
Pega a criança e a ajuda a criar

Teresa de Jesus, Nélia com Vanina no colo,
Genílson com Eugênio

Nélia do Carmo Ferreira

Nelinha nunca me deu trabalho, nem mesmo na adolescência. Sempre gozou de boa saúde e só me lembro de ela ter tido problemas de doenças depois dos cinquenta anos.

De espírito jovial, sempre foi muito alegre, tinha muitos amigos, gostava de passear, dançar, ver shows musicais, sambar... Desfilava nos Aprendizes da Boca do Mato e depois na Unidos de Vila Isabel, mas o seu coração sempre foi salgueirense. No candomblé linha Angola, ela é ekede de Iansã, respeitada em qualquer terreiro, e a sua dijina é Obacafunji.

Moça pacata, nunca foi namoradeira. Entre seus poucos namorados, teve um, o bancário Arnaldo Locatel, conhecido como Ruço lá na Boca do Mato, de quem ficou noiva durante muitos anos. Acho que a Nelinha, como era chamada pelo noivo e pela maioria da família, nunca teve intenção de se casar e o Ruço idem. Não se sabe se foi ela que deu ultimato ao noivo ou vice-versa, pressionados pela família, mas um dia decidiram-se pelo enlace.

O Ruço alugou e mobiliou casa. Estava para marcar a data do casamento quando se descobriu doente; não falou pra ninguém o mal que o acometia e não quis mais se casar.

Não demorou muito o Ruço morreu e, passado o período

de luto, Nelinha brincava sempre que o assunto era casamento: "Eu me noiviuvei" e jamais vou me casar com outro.

    Nélia trabalhou por muito tempo na casa de uma boa senhora de nome Ilka, esposa de seu Viana, que tinha quatro filhos naturais – Celso, Henrique, Sérgio, Ilma e um adotivo – Tauá. Este era um índio órfão que o seu Viana adotou em Manaus, onde foi dirigente da Funai.

    Ilma, hoje, reside em Nova Friburgo com o marido, o Dr. Luiz. Antes, dona Ilka e seu Viana moravam na Rua Fábio Luz, na Boca do Mato, em frente ao convento cujo portão caiu, quebrando um pé da Zezé, e por isso Nélia foi a primeira a socorrê-la. Quando dona Ilka faleceu, Nélia, tratada como familiar, foi morar com o seu Viana na Tijuca, e cuidou por muito tempo dele que também já foi pro além.

    Aí. Nélia não quis mais ser empregada doméstica, fez um curso de enfermagem e tornou-se enfermeira profissional como a irmã Zezé.

    Creio que essa minha filha pretendia ser solteirona por todo o sempre. Jurou jamais se casar, mas conheceu o Genilsom dos Santos, o Yauca da Mangueira, e viveu maritalmente com ele muito bem, numa casa grande na Abolição, presente do mano.

    Genilson, um homem muito agitado, comunicativo, e Nelinha, tranquila e de boa paz, têm dois filhos – Vanina e Eugênio.

    Nélia foi a última pessoa que vi na vida.

Maria José Ferreira Silvestre (1942-1995)

Maria José Ferreira Silvestre

Em 1995, eu tive uma grande tristeza: perdi a minha caçula, a Maria José.

Foi ela a filha que me deu mais trabalho.

Depois dos trinta, ela pegou corpo, mas sempre foi muito franzina. Já nasceu miúda, e todos diziam que ela não iria vingar. Teve meningite em criança, tomou umas quedas lá no morro, que me assustaram; o portão do convento da Rua Fábio Luz caiu sobre ela e, não se sabe como, não se acidentou mais gravemente, quebrando na ocasião só um pé.

Uma passagem interessante: eu tinha uma tireoide feia, popularmente chamada de *"papo no pescoço"*, que me incomodava muito, além de me enfear. Martinho ainda era cabo verde-oliva, sem estabilidade, e, portanto, seus dependentes não tinham direito à assistência médica militar, mas ele conseguiu, não se sabe como, que eu fosse operada no Hospital Central do Exército e eu fiquei sarada. Depois Zezé teve uma sinusite, que foi se agravando até ficar de um jeito horrível, e novamente ele conseguiu que ela fosse tratada no HCE. Depois de muitos exames, foi marcada uma operação no Pavilhão dos Oficiais. Zezé foi espírita desde menina, frequentava um centro de umbanda e, na antevéspera do dia em que ia ser submetida à cirurgia, foi operada espiritualmente pelo seu Cachoeira, um guia do seu terreiro. Para o tratamento pós-operatório, trouxe para casa uma garrafa de ervas com um líquido de estranho odor e a recomendação de que devia bebê-lo todo durante a noite. Era o que eles chamavam de "garrafada do seu Cachoeira." Naquela noite, toda a casa exalou um odor fétido e pela madrugada minha filha escarrava e soltava pus pelas narinas de maneira horripilante. Antes de o dia amanhecer, ela relaxou e o mau cheiro desapareceu. Dormiu umas horas e despertou com boa aparência, sem sentir mais nada. Passou muito bem durante o dia, mas eu fiquei apreensiva à noite porque Zezé tinha de tomar uns goles de uma outra garrafada, esta de líquido claro, antes de dormir. Me preocupei pensando que teríamos uma noite péssima como a anterior, mas ela dormiu tranquila. Aliás, todos nós, pois a casa misteriosamente parecia ter sido perfumada com cheiro de alecrim, e ela acordou ótima. Mesmo assim, mandei que fosse ao hospital fazer os exames pré-operatórios para ser internada e, pasmem, os doutores concluíram que não havia mais necessidade de cirurgia.

Um dos médicos, que por sinal era kardecista, perguntou-lhe se havia sido operada espiritualmente e ela respondeu:

— Sim. Foi o Caboclo Cachoeira que a Dalva, minha mãe de santo, recebe.

— Então pode ir embora. Creio que você está curada, mas se sentir algum sinal da doença, procure-nos.

Nunca mais sofreu de sinusite.

Zezé desde menina sentia vibrações espirituais, mas só muito mais tarde se desenvolveu no candomblé da linha Angola. Sua dijina era Bamburagê e cumpriu muito bem a sua missão, muito embora não gostasse de praticar o culto.

Casou-se com o Gervaci, um bom rapaz, e com ele me deu três netos – Edson, Rubinho e Eliane, todos com o sobrenome Silvestre. Depois de viúva, relacionou-se com o Fernando, um homem tão simpático que era apelidado de Bacana. E era realmente gente boa. Ganhei mais um neto, o Bolinha, que herdou o nome do pai, Fernando Rosa. Infelizmente a relação não durou muito e separaram-se por incompatibilidade de gênios.

Zezé não gostava de viver sozinha e logo arranjou um outro, o Velsom Rodrigues, e conviveu com ele até o dia da passagem para outra vida, de acordo com a sua crença.

A impressão que dá é que ela só me deu trabalho, mas não é verdade. Nos deu muita felicidade. Ela era alegre, muito alegre mesmo. Dizia que não devemos ficar remoendo fatos desagradáveis para não dar margem ao domínio da tristeza. Tinha a alegria como filosofia de vida. Festejava qualquer bom acontecimento e dizia que toda festa tem de ser bem alegre *"porque alegria traz felicidade e que não há felicidade sem alegria."* Dificilmente se irritava; ela controlava os impulsos e as emoções. Quando estava numa festa ou num lugar prazeroso e chegava alguém de que ela não gostava, simplesmente ignorava a tal pessoa, não permitindo assim que uma simples presença nãobenquista empanasse seu momento de prazer.

É uma atitude que deve ser seguida.

Exercia grande liderança na família e, por ser otimista, nos ajudava muito quando havia algum problema. Além dos filhos, a grande preocupação dela era com a vida do irmão, da qual participou ativamente, sendo, por um tempo, responsável por todos os negócios dele, sem se intitular empresária. Quando era tratada assim, dizia; *"Empresário é quem tem muito dinheiro; minha missão é ajudar o anjo da guarda dele."*

Quando saí de Pilares, fui morar na casa dela em Vicente de Carvalho, residência presenteada pelo irmão, onde passei dias memoráveis. Era lá que se festejavam os aniversários de muitos familiares e eram realizadas as festas de fim de ano.

Quando a Zezé descansou, eu fui morar com outra filha, a Deuzina.

Fim de século

É o fim do ano e do Século XX, a virada para o terceiro milênio.

Eu, com meus 94 anos, gozo de boa saúde, estou lúcida e enxergo bem. De olhos na TV assisto aos festejos de fim de ano em todo o Brasil, que a televisão sempre mostra. Depois de uma retrospectiva sobre os acontecimentos do século que termina, cartomantes, babalorixás, tarólogos e astrólogos fazem previsões para o ano que se inicia, no geral não muito animadoras.

A casa já esteve cheia, mas os netos que passaram a virada comigo já se foram. Os filhos Nélia e Martinho estiveram comigo mais cedo para pedir a bênção. Comeram rabanada, tomaram vinho e retornaram às suas casas. Estou agora só na companhia da Valéria, a empregada, e com a Elza, que, por ser a mais velha, gosta de ser chamada de filha número um. Esta, com pessimismo, comenta:

— Se as previsões estão certas, mãe, este ano vai ser pior do que o passado... e não foi muito legal. Teve muita violência.

— Que nada, filha! É melhor pensar que este ano vai ser bom. O que eles falaram aí pode acontecer, mas não afirmaram nada com clareza. Pra falar o que eles disseram, não precisa ser vidente. Eu só não sei se vou querer ver este ano todo passar.

— Que isso, mãe? Tá variando? Logo a senhora que é tão otimista...

Não gosto do jeito que ela fala, mas, conto mentalmente até dez e acho melhor não brigar. Retomo a conversa, dizendo que, apesar da violência aumentada, os tempos atuais são melhores que os antigos, pois hoje pobres e ricos vivem com mais conforto. A empregada se liga na conversa com ar curioso, e eu digo a ela que passei boa parte da vida sem luz elétrica, rádio, telefone...

Dormimos lá pelas tantas e eu acordo muito tarde. A casa já está cheia novamente, genros, afilhados, netos, bisnetos... Come-se, bebe-se e tagarela-se o dia inteiro, e eu vou tarde para a cama de novo, não tanto quanto ontem. Acordo cedo. Amanheço sem disposição para conversas e passo o dia calada, pensativa.

Valéria, empregada amiga, meio neta, pergunta:

– Oi, vó! Está começando o ano tão séria...

– É. Todo começo de ano é tempo de meditação, de pensamentos positivos, de fazer planos, sonhar... embora já não tenha muito o que esperar. Já estou na idade do condor.

– Como?

– Isso mesmo. Idade do condor... Com dor aqui... Com dor ali... Eu acho que já estou ficando velha.

Foi só uma piada que fiz para eu mesma descontrair. Falei sorrindo e ela sorriu também. Riu discretamente, mas eu li o seu pensamento "uma anciã dizendo que ainda vai ficar velha".

Depois de um breve silêncio, eu fiquei séria de novo e, para disfarçar a sisudez, fiz outra graça:

– Estava pensando no vestido branco que a minha nora preferida me

deu.

Faço uma pausa, à espera de uma reação da Valéria, que custa a vir, e eu fico rindo.

Fim de século

É o fim do ano e do Século XX, a virada para o terceiro milênio.

Eu, com meus 94 anos, gozo de boa saúde, estou lúcida e enxergo bem. De olhos na TV assisto aos festejos de fim de ano em todo o Brasil, que a televisão sempre mostra. Depois de uma retrospectiva sobre os acontecimentos do século que termina, cartomantes, babalorixás, tarólogos e astrólogos fazem previsões para o ano que se inicia, no geral não muito animadoras.

A casa já esteve cheia, mas os netos que passaram a virada comigo já se foram. Os filhos Nélia e Martinho estiveram comigo mais cedo para pedir a bênção. Comeram rabanada, tomaram vinho e retornaram às suas casas. Estou agora só na companhia da Valéria, a empregada, e com a Elza, que, por ser a mais velha, gosta de ser chamada de filha número um. Esta, com pessimismo, comenta:

– Se as previsões estão certas, mãe, este ano vai ser pior do que o passado... e não foi muito legal. Teve muita violência.

– Que nada, filha! É melhor pensar que este ano vai ser bom. O que eles falaram aí pode acontecer, mas não afirmaram nada com clareza. Pra falar o que eles disseram, não precisa ser vidente. Eu só não sei se vou querer ver este ano todo passar.

– Que isso, mãe? Tá variando? Logo a senhora que é tão otimista...

Não gosto do jeito que ela fala, mas, conto mentalmente até dez e acho melhor não brigar. Retomo a conversa, dizendo que, apesar da violência aumentada, os tempos atuais são melhores que os antigos, pois hoje pobres e ricos vivem com mais conforto. A empregada se liga na conversa com ar curioso, e eu digo a ela que passei boa parte da vida sem luz elétrica, rádio, telefone...

Dormimos lá pelas tantas e eu acordo muito tarde. A casa já está cheia novamente, genros, afilhados, netos, bisnetos... Come-se, bebe-se e tagarela-se o dia inteiro, e eu vou tarde para a cama de novo, não tanto quanto ontem. Acordo cedo. Amanheço sem disposição para conversas e passo o dia calada, pensativa.

Valéria, empregada amiga, meio neta, pergunta:

– Oi, vó! Está começando o ano tão séria...

– É. Todo começo de ano é tempo de meditação, de pensamentos positivos, de fazer planos, sonhar... embora já não tenha muito o que esperar. Já estou na idade do condor.

– Como?

– Isso mesmo. Idade do condor... Com dor aqui... Com dor ali... Eu acho que já estou ficando velha.

Foi só uma piada que fiz para eu mesma descontrair. Falei sorrindo e ela sorriu também. Riu discretamente, mas eu li o seu pensamento "uma anciã dizendo que ainda vai ficar velha".

Depois de um breve silêncio, eu fiquei séria de novo e, para disfarçar a sisudez, fiz outra graça:

– Estava pensando no vestido branco que a minha nora preferida me

deu.

Faço uma pausa, à espera de uma reação da Valéria, que custa a vir, e eu fico rindo.

— Acho que a senhora está rindo de mim, dona Teresa!

— Desculpe, mas estou — respondi quase gargalhando. Quantas noras minhas você conhece? Eu só tenho um filho homem.

Aí ela gargalhou também. Demorou mas lembrou-se de que eu só tinha uma nora, a preferida.

Perdendo a graça, voltou ao assunto:

— E o vestido branco?

— Eu preferi não usá-lo ontem. Vai servir para outra ocasião muito especial.

A empregada amiga ameaça indagar sobre a tal ocasião, mas Elza se intromete e a chama para um canto. Minha filha pensava que eu escutava menos que a realidade e falou num tom que deu para ouvir tudo.

— Pergunta muito não. Ela tá guardando o tal vestido para fazer a passagem.

— Ih!... Deve ser isso mesmo. Andou insinuando que vai viajar pra bem longe ainda neste ano.

O sonho

Nunca fui de sonhar muito, querer muitas coisas. Meu grande desejo em vida foi ver os meus filhos criados e vi.

Deus foi bom comigo. Sonhei um dia ter casa própria e tivemos. Quis andar de avião e andei. Até de trem. Desejei conhecer a Basílica de Nossa Senhora Aparecida e fui de comboio, numa romaria, o que me deixou muito feliz. Não fui ao Santuário de Fátima porque não quis me submeter à longa viagem. É verdade que gostei de andar de avião, mas durante dez horas era demais.

A melhor coisa do mundo é fazer o que se tem vontade.

Ir ao banheiro com tranquilidade causa um certo prazer, mas não nos últimos tempos para mim.

Estava com um pouco de incontinência urinária, o que a gente chamava popularmente de urina solta, e tinha essa vontade a toda hora, o que me chateava, principalmente porque dependia de ajuda.

Um certo dia, em que eu andava mal-humorada, senti vontade de ir ao banheiro. Estava apertada, daquele jeito que quase não dá para se mover. Chamei a Elza e ela demorou a vir. Irritadíssima, gritei:

– Quero fazer xixi!

Valéria foi quem apareceu. Me passou para a cadeira de

rodas e me conduziu até a porta do reservado. Com dificuldade eu entrei sozinha, amparando-me nas paredes e na pia. Não gostava de ninguém comigo no banheiro.

Depois de satisfeita, enxuguei-me com dificuldade, tentei me levantar e caí. Minhas pernas estavam muito fracas.

Que susto!

Gente velha não pode cair. Quando acontece, sempre quebra algum osso e na velhice é difícil a recuperação.

Elza chegou às pressas com a Valéria, mas levaram um tempão para me levantar no banheiro apertadinho. Tinha de ser com muito jeito. Devagar elas conseguiram e se tranquilizaram. Felizmente a queda não foi grave.

Eu nunca fui de ficar parada. Mesmo já debilitada, logo ao despertar, arrumava a minha cama. Só tomei consciência de que estava velha quando não pude mais arrumar a dormida e nem conseguia aquecer minha comida, fritar meu ovinho diário, fazer um café.

Depois não pude mais andar sozinha, tendo de ser sempre amparada por alguém. Que chatice! Resolvi não sair mais de casa. A última vez que saí voluntariamente, foi para passar o Natal de 1999 na casa da minha nora.

Depois resolvi não ir a lugar algum, nem mesmo à missa dominical, obrigação de católica praticante. Ainda bem que na igreja mais próxima, a de Santiago Apóstolo, o padre Gustavo dava uma boa assistência aos doentes da paróquia e mandava o beato Sebastião, um preto simpático, ir quinzenalmente levar-me a hóstia consagrada.

Uma vez insistiram tanto para eu sair, mas tanto, que eu aceitei ser levada à casa da filha Deuzina. Chegando lá, fiz cara de felicidade, mas não estava gostando nadinha.

— Acho que a senhora está rindo de mim, dona Teresa!

— Desculpe, mas estou — respondi quase gargalhando. Quantas noras minhas você conhece? Eu só tenho um filho homem.

Aí ela gargalhou também. Demorou mas lembrou-se de que eu só tinha uma nora, a preferida.

Perdendo a graça, voltou ao assunto:

— E o vestido branco?

— Eu preferi não usá-lo ontem. Vai servir para outra ocasião muito especial.

A empregada amiga ameaça indagar sobre a tal ocasião, mas Elza se intromete e a chama para um canto. Minha filha pensava que eu escutava menos que a realidade e falou num tom que deu para ouvir tudo.

— Pergunta muito não. Ela tá guardando o tal vestido para fazer a passagem.

— Ih!... Deve ser isso mesmo. Andou insinuando que vai viajar pra bem longe ainda neste ano.

Casou-se com o Gervaci, um bom rapaz, e com ele me deu três netos – Edson, Rubinho e Eliane, todos com o sobrenome Silvestre. Depois de viúva, relacionou-se com o Fernando, um homem tão simpático que era apelidado de Bacana. E era realmente gente boa. Ganhei mais um neto, o Bolinha, que herdou o nome do pai, Fernando Rosa. Infelizmente a relação não durou muito e separaram-se por incompatibilidade de gênios.

Zezé não gostava de viver sozinha e logo arranjou um outro, o Velsom Rodrigues, e conviveu com ele até o dia da passagem para outra vida, de acordo com a sua crença.

A impressão que dá é que ela só me deu trabalho, mas não é verdade. Nos deu muita felicidade. Ela era alegre, muito alegre mesmo. Dizia que não devemos ficar remoendo fatos desagradáveis para não dar margem ao domínio da tristeza. Tinha a alegria como filosofia de vida. Festejava qualquer bom acontecimento e dizia que toda festa tem de ser bem alegre *"porque alegria traz felicidade e que não há felicidade sem alegria."* Dificilmente se irritava; ela controlava os impulsos e as emoções. Quando estava numa festa ou num lugar prazeroso e chegava alguém de que ela não gostava, simplesmente ignorava a tal pessoa, não permitindo assim que uma simples presença nãobenquista empanasse seu momento de prazer.

É uma atitude que deve ser seguida.

Exercia grande liderança na família e, por ser otimista, nos ajudava muito quando havia algum problema. Além dos filhos, a grande preocupação dela era com a vida do irmão, da qual participou ativamente, sendo, por um tempo, responsável por todos os negócios dele, sem se intitular empresária. Quando era tratada assim, dizia; *"Empresário é quem tem muito dinheiro; minha missão é ajudar o anjo da guarda dele."*

Quando saí de Pilares, fui morar na casa dela em Vicente de Carvalho, residência presenteada pelo irmão, onde passei dias memoráveis. Era lá que se festejavam os aniversários de muitos familiares e eram realizadas as festas de fim de ano.

Quando a Zezé descansou, eu fui morar com outra filha, a Deuzina.

Fim de século

É o fim do ano e do Século XX, a virada para o terceiro milênio.
Eu, com meus 94 anos, gozo de boa saúde, estou lúcida e enxergo bem. De olhos na TV assisto aos festejos de fim de ano em todo o Brasil, que a televisão sempre mostra. Depois de uma retrospectiva sobre os acontecimentos do século que termina, cartomantes, babalorixás, tarólogos e astrólogos fazem previsões para o ano que se inicia, no geral não muito animadoras.

A casa já esteve cheia, mas os netos que passaram a virada comigo já se foram. Os filhos Nélia e Martinho estiveram comigo mais cedo para pedir a bênção. Comeram rabanada, tomaram vinho e retornaram às suas casas. Estou agora só na companhia da Valéria, a empregada, e com a Elza, que, por ser a mais velha, gosta de ser chamada de filha número um. Esta, com pessimismo, comenta:

– Se as previsões estão certas, mãe, este ano vai ser pior do que o passado... e não foi muito legal. Teve muita violência.

– Que nada, filha! É melhor pensar que este ano vai ser bom. O que eles falaram aí pode acontecer, mas não afirmaram nada com clareza. Pra falar o que eles disseram, não precisa ser vidente. Eu só não sei se vou querer ver este ano todo passar.

– Que isso, mãe? Tá variando? Logo a senhora que é tão otimista...

Não gosto do jeito que ela fala, mas, conto mentalmente até dez e acho melhor não brigar. Retomo a conversa, dizendo que, apesar da violência aumentada, os tempos atuais são melhores que os antigos, pois hoje pobres e ricos vivem com mais conforto. A empregada se liga na conversa com ar curioso, e eu digo a ela que passei boa parte da vida sem luz elétrica, rádio, telefone...

Dormimos lá pelas tantas e eu acordo muito tarde. A casa já está cheia novamente, genros, afilhados, netos, bisnetos... Come-se, bebe-se e tagarela-se o dia inteiro, e eu vou tarde para a cama de novo, não tanto quanto ontem. Acordo cedo. Amanheço sem disposição para conversas e passo o dia calada, pensativa.

Valéria, empregada amiga, meio neta, pergunta:

— Oi, vó! Está começando o ano tão séria...

— É. Todo começo de ano é tempo de meditação, de pensamentos positivos, de fazer planos, sonhar... embora já não tenha muito o que esperar. Já estou na idade do condor.

— Como?

— Isso mesmo. Idade do condor... Com dor aqui... Com dor ali... Eu acho que já estou ficando velha.

Foi só uma piada que fiz para eu mesma descontrair. Falei sorrindo e ela sorriu também. Riu discretamente, mas eu li o seu pensamento "uma anciã dizendo que ainda vai ficar velha".

Depois de um breve silêncio, eu fiquei séria de novo e, para disfarçar a sisudez, fiz outra graça:

— Estava pensando no vestido branco que a minha nora preferida me

deu.

Faço uma pausa, à espera de uma reação da Valéria, que custa a vir, e eu fico rindo.

Ficava angustiada quando tinha de ir ao banheiro e ter de pedir ajuda. Achava deprimente fazer as necessidades com alguém junto, pronto para me limpar.

Fui ficando deprimida e falava comigo mesma *"Não estou gostando nada da vida que levo e não tenho o menor prazer quando me tiram da cama. Passo o dia inteiro sentada. Ora me assentam no sofá, ora na cadeira de rodas, ora na poltrona."*

Dizem que velhice não é doença, mas quem não pode mais andar é doente sim. Achei melhor não sair mais da cama.

Velhos não podem ficar parados, e aí a minha situação piorou. Meu braço esquerdo foi ficando fraco, até o ponto de não aguentar nem o prato de comida, e aí perdi o gosto pelas refeições. Então resolvi não mais me alimentar e nem água queria beber. Fui ficando fraca, estática, e o médico, Dr. João Paulo, mandou fazer vários exames para descobrir o que é que eu tinha além da velhice. No resultado deu que estava bem de saúde, mas devia tomar umas vitaminas e aceitar alimentação, mesmo que fosse pastosa.

Como eu me recusava a engolir qualquer coisa, o médico prescreveu alimentação com soro e assistência psicológica. Aconselhou internamento hospitalar para aplicação sorológica e para receber alimentação adequada e ser acompanhada por um psicólogo geriátrico.

Eu sempre fui de lutar pela vida, não era de me entregar por qualquer adversidade, mas sentia que estava na hora de descansar.

Costumava educadamente receber bem as visitas, mas todo mundo vinha fazer ladainha na minha cabeça sobre a necessidade de alimentação e, para não discutir, resolvi também parar de falar. Mal recebia os cumprimentos.

A última conversa que tive, quando ainda em casa, foi com o

Martinho. Antes, sempre que alguém queria me forçar a fazer uma coisa que eu não queria, ele intervinha dizendo que os mais velhos devem fazer o que querem, especialmente eu. Só que ele também fez coro na ladainha. Disse que eu deveria ter mais força de vontade e falou em positividade, esperança e não sei o que mais. Eu respondi com a minha sabedoria:

— Nem sempre se pode afirmar que enquanto há vida há esperança.

— Por quê, mãe?

— Quem já está muito velho não pode andar e nem se cuidar e se, ainda por cima, estiver doente, não pode ter esperança de nada. Vê a dona Carmem, a sogra da Deuzina, coitada. Ficou de cama por onze anos até desencarnar. Os parentes deveriam ter rezado pra ela morrer.

— É... Nesse caso a senhora tem razão. A Rosinha de Valença, outra coitada, também está em coma há quase dez anos. Ela não é velha, mas, se sair do quadro, vai levar uma vida vegetativa. Muitos dos seus órgãos já estão atrofiados.

— Que sina!...

— Eu gosto tanto dela, mãe, mas, como não vai poder tocar mais aquele violão bonito, acho que o melhor era ela descansar.

— Só que ela tem de querer isso, filho...Se não, vai ficar penando por ainda muito tempo.

— Da mesma forma, quando a gente tá doente, mãe, tem de querer ficar bom, senão não fica.

— E quando alguém está na hora de ver Deus, meu filho, tem também de querer, a não ser que prefira prolongar o sofrimento em vida e penalizar os parentes.

Estávamos discutindo, mas falávamos calmamente. Eu me

preocupava em não passar nenhuma mágoa, nenhuma dor. E na verdade eu não sentia nem uma coisa nem outra.

Martinho calou-se tranquilo e eu fiquei feliz porque senti que ele entendeu que eu estava querendo partir e o preparava para a minha viagem. Sei que ele preferia me deixar em casa e torcer para eu não sofrer muito tempo acamada, mas no dia seguinte a uma nova recomendação do médico, depois de pensar muito, autorizou minha internação.

Na saída de casa, eu não reagi e nem protestei contra a internação, mas na clínica continuei me negando a ingerir remédios e alimentos.

As enfermeiras eram atenciosas, cativantes, e eu sentia até pena delas pelo tempo que perdiam tentando me dar comida e remédios. Mesmo o psicólogo, um homem religioso que orava por mim e me aplicou uma sessão de Jorei, não conseguiu fazer com que eu me alimentasse. Intrigava-se, dizendo:

— O incrível é que ela está espiritualmente bem. Não apresenta sintomas de depressão.

Todos os que me visitaram nos poucos dias em que estive hospitalizada achavam-me com boa aparência. Se não fosse o tubo de soro, apesar do ambiente hospitalar, poder-se-ia dizer que eu estava só em repouso, apesar de não fazer as graças costumeiras e permanecer calada, imóvel. No entanto, eu já estava muito fraca. Fazia um enorme esforço para sorrir e acenar com a cabeça em resposta aos cumprimentos das visitas.

Eu sempre mantive o bom humor, mesmo na doença. Cultivava a alegria, porque não existe felicidade sem ela, como dizia a Zezé. Consegui passar isso para os meus filhos, e todos têm essa filosofia de vida, principalmente o Martinho.

Uma vez eu estava meio doente, ele tinha uma viagem, para cumprir um contrato artístico, e não queria ir. Só foi porque eu disse a ele que a prioridade do verdadeiro artista é o seu ofício, frisando que o bom profissional não deve permitir que coisa alguma atrapalhe o exercício da sua arte.

Toda vez que ele ia viajava, mesmo que fosse a São Paulo, onde atuava com frequência, não deixava de ir me tomar a bênção.

Eu sabia que ele estava de partida para a Europa e ele veio me ver, como de costume, sorridente:

– Oi, mãe! Bênção.

Reuni toda as minhas energias para sorrir também e o abençoei.

– Deus te abençoe. Se tem de viajar, pode ir em paz. Vá com Deus.

– Vou a Portugal comer bacalhau. E a senhora? Vai comer o quê?

Não respondi. Cerrei e abri várias vezes os olhos, dando a entender que estava com sono. Fingi que adormeci.

Martinho conversou um pouco com as irmãs Nélia e Elza, recebeu apoio para seguir viagem, despediu-se, deu um beijo doce na minha testa e partiu. Então eu dormi de verdade. Adormeci e sonhei. No devaneio, voei com ele confortavelmente na primeira classe de um avião, a caminho de Lisboa. O Boeing do sonho estava lotado de parentes jovens. Eram netos, bisnetos, sobrinhos e afilhados. Íamos em alegre romaria ao Santuário de Fátima.

O corpo e o espírito

Há coisas que aparentemente são antônimas, mas não são. Algumas são consequência de outras ou são a outra transformada. Ou existem para o bem da outras. Por exemplo, o corpo e a alma, a pobreza e a riqueza, a matéria-prima e o produto manufaturado, a ignorância e a sapiência.

Eu desenvolvi minha cultura buscando a informação, já que nunca fui à escola. Aprendi a desenvolver a fala para me expressar bem e tinha por norma, principalmente, ouvir. Gostava de ouvir os contos literários e os artigos de jornal que Josué lia para mim.

O rádio me ajudou muito e a televisão também. Nunca fui de ficar vendo novela ou programas inúteis. Não perdia os noticiários políticos e preferia os programas musicais. Aos informativos voltados para a violência, do tipo Cidade Alerta, Linha Direta e outros similares, eu não assistia. No fundo eles só servem para divulgar a marginalidade e eu preferia gastar o meu tempo com programas enriquecedores do conhecimento. Os da TV Educativa e da TV Cultura me foram muito úteis. Aprendi a pensar.

Exercia a reflexão, principalmente às seis da tarde-noite, na hora da ave-maria.

Ao acordar, dava bom-dia para o dia, me fitava no espelho e predizia: *"Graças a Deus estou começando mais um dia e ele vai ser* bom." À noite, antes de rezar para dormir, sempre fazia um balanço das atividades laboradas durante o dia e planejava o outro. Pensar na vida objetivamente aperfeiçoa o ser.

Acho que o espírito ganha corpo e vem à vida para aperfeiçoar o mundo, obra do Criador, como foi cantado no samba enredo *Gbala – Viagem ao Templo da Criação*, que eu aprendi a recitar inteirinho:

> Meu Deus
> O grande criador adoeceu
> Porque a sua geração já se perdeu
> Quando acaba a criação
> Desaparece o criador
> Pra salvar a geração
> Só esperança e muito amor
> Então foram abertos os caminhos
> E a inocência entrou no templo da criação
> Lá os guias protetores do planeta
> Colocaram o futuro em suas mãos
> E através dos Orixás se encontraram
> Com o Deus dos deuses – Olorum
> E viram
> Viram como foi criado o mundo
> Se encantaram com a mãe natureza
> Descobrindo o próprio corpo,
> compreenderam
> Que a função do homem é evoluir
> Conheceram os valores do trabalho e do amor
> E a importância da justiça
> Sete águas revelaram em sete cores
> Que a beleza é a missão de todo artista
> Gbala é resgatar, salvar
> E a criança, esperança de Oxalá

Há pessoas que vêm ao mundo mas não vivem: vegetam. Menos que os vegetais, pois muitos destes servem para alimento humano.

Um grande número de viventes não esteve no mundo, apenas passou. Outros deixaram a sua contribuição, cumprindo assim a sua missão. A participação pode ser pequena ou grande, não importa, é válida. Quem veio ao mundo e não ajudou o seu semelhante não devia ter nascido.

Brás Cubas, um personagem de Machado de Assis, que escreveu suas memórias *post-mortem*, diz que saiu quitado com a vida, mas eu não concordo. Ele nunca trabalhou, quis ser inventor de um emplastro anti-hipocondria sem ser médico, farmacêutico ou cientista, não realizou suas outras ambições e não se casou. Morreu solteirão, sem nem se concubinar. Brás não precisava ter nascido, pois morreu e não fez falta a ninguém. Não era querido. Prova disso é que ao seu enterro foram poucas pessoas. Machado escreveu o livro por ele e, no fim, o personagem se vangloriou por não ter tido filhos, pois assim não transmitiu a nenhuma criatura o legado das misérias da vida. Cubas não passou de um grande covarde.

Eu cá sempre tive a minha consciência tranquila. Trabalhei honestamente, fui ajudada, ajudei muitos, nunca fiz nada propositalmente para prejudicar alguém, criei os meus filhos...

Voltando ao assunto do corpo e do espírito, eles são uma coisa única. A alma ganha corpo no nascimento do físico, que, com o tempo, vai se transformando até se desgarrar do espírito. Aí a carne se putrefaz, os ossos se decompõem e a alma, imortal, sobe ao infinito e vai prestar contas a Deus. As almas que nada fizeram de útil na Terra, ou praticaram algo de mau, são reencarnadas em outro corpo; as puras são transformadas em animais inofensivos, pássaros, peixes que não se alimentam de outros peixes, aves que se abastecem de vegetais... Os mais puros ainda viram vegetais alimentícios, raízes e folhas úteis à medicina, árvores frutíferas, plantas floridas para alegria dos olhos... e os espíritos totalmente purificados viram astros, estrelas...

O compositor Antônio Candeia Filho fez melodia para um samba dolente e, não demorou muito, morreu. Pensando na espiritualidade do Candeia, Martinho colocou na música uma letra que diz assim:

Como é bom adormecer
Com a consciência tranquila
As chuteiras penduradas
Depois do dever cumprido
Despertar num mundo livre
E despoluído
Onde tudo é só amor
Coisas imateriais
Onde o medo não existe
Nem das reencarnações
Pois as purgações da terra
São pra se purificar
E se tornar ser abstrato
Imaterializável
Até ser flor-luz que influi
Nas gerações
Sempre lutar pelas coisas que se acredita
Mas tem que ser luta bonita
De ideais comuns
Quem não for justo e honesto nas coisas que faz
Jamais será flor que flui
Pra viver na eterna paz

Jamais será luz que influi
Pra vida na eterna paz

Estava eu no silêncio daquele fim de tarde, 23 de junho de 2001, num leito do Hospital Dr. Aloan, de olhos fechados, tentando cantarolar mentalmente o *Chuteiras Penduradas*, quando senti um doce ósculo. Era Rogéria, minha última visita do dia, despedindo-se.

Elza não arredava o pé de mim durante todo o dia, e a Nélia pernoitava comigo. Todas as tardes elas se juntavam a mim e naquela pré-noite eu estava deitada no leito hospitalar, sem nenhuma dor, quando médicos e enfermeiras chegaram para medir a pressão, trocar o soro, avaliar o quadro clínico. Elza saiu de mansinho para o corredor, pois o quarto era pequeno, e deixou Nélia, que também é enfermeira, observando o *check-up*. Foi a última cena que vi. Minha visão foi embaçando, eu cerrei os olhos e segui pensando nas coisas que narrei antes sobre corpo e alma. Então mentalmente eu rezei um credo e roguei ao Divino Espírito Santo para me conduzir. Aí a minha cabeça foi ficando lerda, meu corpo querendo levitar e não senti mais nada. Nem a agulha do fio de soro me incomodava. Também nada ouvia mais, nem mesmo um ruído. Tive a sensação de que minhas células foram adormecendo, as batidas do coração ralentando e eu, enquanto espírito, fui me desgarrando da matéria e subindo lentamente... atravessei as nuvens e entrei no céu.

FIM

Martinho da Vila e a mãe, Teresa de Jesus

Martinho da Vila e a mãe, Teresa de Jesus

MÃE TEREZA

Posfácio

Teresa de Jesus, Uma Alma Santa

Este livro *Memórias Póstumas de Teresa de Jesus* poderia chamar-se *Mãe Teresa, uma alma Santa*.

É uma obra que tem um compromisso com a verdade, palavra seguida ao pé da letra pela Mãe Teresa, como ela era chamada. Católica praticante, ela costumava rezar pelas almas purgantes e orar às benditas quando precisava tomar uma decisão; ao terminar a reza, não titubeava, pois acreditava que Deus protege quem tem coragem e abandona os medrosos.

Tio Martinho acredita que Teresa de Jesus, minha avó, é uma "alma santa bendita" a quem se pode recorrer quando se busca um caminho. Creio que ela pode socorrer os indecisos que apelarem a ela com fé.

Maria Angélica Ferreira da Silva

Oração

Em nome do Pai, do Filho e do Espírito Santo, imploro, ó Teresa de Jesus, matriarca que foi camponesa, favelada, lavadeira e que sempre soube tomar decisões certas como chefe de família, que me ajude a decidir se devo ... (comprar, vender, fazer algo ou não, mudar, etc.).

Antecipadamente grato à sua alma, que é santa e bendita, eu prometo rezar em seu nome o Pai Nosso que está no céu, santificado. E também orar em sua honra à Santa Maria, cheia de graças, mãe do Senhor Jesus Cristo.

Índice Onomástico

Capítulo 1 – Eu Nasci numa Fazenda Angelina

Angelina
Antônia
Antônio de Moraes (barão de Duas Barras)
Benedito José Silva
Castorina
Dona Joana
Dom. José I
Dom. João VI
Edson Felipe
Edson de Castro Lisboa
Francisca
Genoveva
Geralda
Isabel
José de Aquino Pinheiro (Barão de Aquino)
Josué Ferreira
Lourdes
Manoel
Manoel Henriques

Marquês de Santo Tirso
Martinho José Ferreira
Princesa Maria
Rui Barbosa, O Águia de Haia
Santos Dumont
Serafina Maria da Conceição
Sofia
Vovó Joana

Capítulo 2 – Infância e Adolescência

Isabel
Josué
Valdevino

Capítulo 3 – Josué Ferreira

Comadre Lourdes
Compadre Bertoldo
Deuzina
Elza
Elzinha
Josué
Josué Ferreira
Juliana
Maria José
Martinho

Martinho José Ferreira
Moisés
Nélia
Procópia Ferreira
Profeta Josué
Reis Magos
Seu Ferreira
Teresa
Zeca
Zezé

Capítulo 4 – Debandada

Adalto
Ademar
Comadre Genoveva
Comadre Lourdes
Compadre Bertoldo
Deuzina
Elza
Getúlio Vargas
Heitor
Iolanda
Isa
Jaídes
Jorge Amado
Josué
 Nélia

Teresa
Valdevino Ferreira
Zé da Cruz
Zezé
Walter

Capítulo 5 – A Boca do Mato

Alaíde
Amelinha
Arminda
Beu de Abras
Comadre Lourdes
Compadre Bertoldo
Chiquinho
Das Vacas
Denise
Deuzina
Dona Elvira
Dona Maria das Vacas
Dona Paulina
Elza
Ercília
Fifinha
Florentino
Genoveva
Geny
Geralda

Geraldo Monteiro
Helena
Hélio Dançador
Hilza
Joãozinho
Joaquim
Josué
Lúcia
Luizito
Maria José
Marcionília Martinho
Moacir
Mudinho
Nélia
Nilza
Onorina
Paulino
Penha
Ruço
Seu Bento
Seu José Rolão
Stanislaw Ponte Preta
Terezinha
Tião Soares
Tio de Florentino
Valdir Ronca-ronca
Zezé Godinho

Capítulo 6 – O Labor

Comadre Genoveva
Comadre Procópia
Deuzina
Josué
Martinho
Nélia
Seu Tutuca
Tia Genoveva

Capítulo 7 – PPartida sem Adeus

Ângela Maria
Dalva de Oliveira
Deuzina
Dona Teresa
Dornelles Vargas
Dutra
Elza
Emilinha Borba
Fiúza
Gegê
Getúlio
Irmãs Batista
Josué
Marechal Eurico Gaspar
Marlene

Martinho
Presidente Vargas
Seu Tutuca
Zumbi dos Palmares

Capítulo 8 – Chefe de Família

Alzira
Cléo
Deuzina
Dona Alzira
Dona Ida
Dona Margarida Padre
Dona Maria das Vacas
Elza
Ida
Josué
Martinho
Nélia
Pretinha
Teresa
Zezé

Capítulo 9 – Viva a Diplomacia

Alzira
Elza
Deuzina

Gervaci
Gilberto, o Chuchu
Ida
José Darcy
Marechal Lott
Martinho
Otávio
Padre Irineu
Rogéria
Salvador
Zezé
Zezinho

Capítulo 10 – Pilares

Anália
Analimar
Arnaldo Locatel
Deuzina
Dona Ivone Lara
Elza
Gervaci
Jonílson
Mart'nália
Martinho
Nélia
Paulo
Paulo da Pavuna
Pinduca

Ruço
Salvador
Zezé
Zezinho

Capítulo 11 – A Conquista do Cedro Grande

Comadre Joana
Josué
Marcus
Marcus Pereira
Martinho
Ozorino Vermelinger
Padre Arthur
Prefeito José Henrique
Seu José Henrique
Senhor José Henrique
Sr. Zezinho Costa
Teresa

Capítulo 12 – Valdevino e Isabel

Adalton
Ademar
Adoniran Barbosa
Ejaídes
Erundinha
Ferreiras Paulistas

Heitor cunhado
Heitor Filho
Iolanda
Isabel
Iza
Jaídes
Josué
Martinho
Pai Mateus
Pai Oxalá
Paulo Vanzolini
Santos Dumont
Valdevino
Valdevino Ferreira
Tia Teresa
Walter

Capítulo 13 – O Amigo Beto Sem Braço

Aldir
Almir Guineto
Argílio
Beto
Beto Com Um Braço
Beto Sem Braço
Cabana
Dona Maria
Dona Teresa
Gracia do Salgueiro

Irene
Laudenir
Maílton
Manoel do Cavaquinho
Martinho
Neguinho da Beija-Flor
Neuci
Pedro Paulo
Seu Mario
Zeca Pagodinho

Capítulo 14 – A Família

Anália
Anália Mendonça
Analimar
Dandara
Dona Wanda
Guido
Inaê
Janaína
Martinho Antônio
Martinho Antônio Mendonça Ferreira
Mart'nália
Martinho
Martinho Filho
Paulo Roberto Ventapane
Raoni
Tinália

Tonho
Vó Teresa

Capítulo 15 – Elza das Dores Ferreira Santana

Adriana
Amélia
André Luiz
Deuzina
Dona Teresa
Edna
Elza
Elza das Dores Ferreira Santana
José Darcy Santana
Josué
Mateus
Otávio
Otávio Santana Filho
Rafael
Zezinho

Capítulo 16 – Deuzina de Jesus Ferreira da Silva

Adélia
Alexandre
Aldir
Angélica
Ariane

Beth
Carminha
Daiana
Deuzina
Deuzina de Jesus Ferreira da Silva
Fernandinho
Fernando
Gabrielle
Georgina
Geovane
Gilberto
Glorinha
Hugo
Igor
Joni Josué
Léo
Letícia
Luanda
Marquinho
Matheus
Padre Carlinhos
Rafael
Raquel
Rita
Rogéria
Rogério
Salvador da Silva
Terezinha
Zeca

Capítulo 17 – Martinho José Ferreira

Antônio João e Pedro Caniné Ferreira
Alegria
Alegria Liscano Ferreira
Ambelina Cledi Guerra Correa
Ana Lúcia
Anália Mendonça
Clediomar
Clediomar Correa Liscano
Carlos Gomes
César
Cledi
Cléo
Comadre Joana
Darcy Ribeiro
Dona Joana
Dona Maria
Etelvina
Erik Marcos Cardoso
General Caniné
João Omar Fontela Liscano
Jerônimo
José Maurício
Josué
Juliana
Juliana Caniné Ferreira
Juju Juquinha
Lícia Maria Maciel Caniné

Lara
Leonardo
Luah
Maíra
Maíra Freitas Ferreira
Manuel do Cavaquinho
Martinho José Ferreira
Martinho
Oriza
Padre Miguel
Pretinha
Preto
Preto Liscano Ferreira
Robinho Calvo
Rita
Rita Freitas
Rildo Hora
Ruça
Sargento Ferreira
Seu Mário
Tunico

Capítulo 18 – Nélia do Carmo Ferreira

Arnaldo Locatel
Celso
Dona Ilka
Dr. Luís
Eugênio

Genilson
Genilson dos Santos
Henrique
Ilma
Ilka
Martinho
Nélia
Nélia do Carmo Ferreira
Nelinha
Obacafunji
Ruço
Sérgio
Seu Viana
Tauá
Vanina
Zezé
Yaúca da Mangueira

Capítulo 19 – Maria José Ferreira Silvestre

Bacana
Bolinha
Bamburagê
Caboclo Cachoeira
Dalva
Deuzina
Edson
Eliane
Fernando

Fernando Rosa
Gervaci
Maria José
Maria José Ferreira Silvestre
Rubinho
Seu Cachoeira
Velson
Zezé

Capítulo 20 – Fim de Século

Elza
Dona Teresa
Martinho
Nélia
Valéria

Capítulo 21 – O Sonho

Beato Sebastião
Dona Carmem
Dr. João Paulo
Deuzina
Elza
Martinho
Nélia
Padre Gustavo
Rosinha de Valença

Valéria
Zezé

Capítulo 22 – O Corpo e o Espírito

Brás
BrásCubas
Cubas
Elza
Josué
Machado de Assis
Nélia
Rogéria

Esta obra foi composta em Arno Pro Light 13 e impressa na
RENOVAGRAF em São Paulo, para a Editora Malê em março de 2023.